ORIGINES

DE

L'IMPRIMERIE EN GUYENNE

par

Jules DELPIT

BORDEAUX
IMPRIMERIE E. FORASTIÉ & FILS,
3, rue arnaud-miqueu, 3.

M DCCC LXIX

AVERTISSEMENT

Un travail sur les origines de l'imprimerie peut entrer, selon moi, dans les publications d'une Société de Bibliophiles. Vainement on m'a objecté que ce travail, s'il est entièrement composé de pièces inédites, doit être publié dans une collection de documents historiques et non par une société d'amis des livres rares, et que, s'il renferme, sous une forme nouvelle, des renseignements déjà connus, il doit trouver place dans les publications qu'une académie ou un auteur quelconque peuvent faire imprimer où et quand bon leur semble, j'ai pensé qu'en plaçant en tête d'un recueil publié pour des Bibliophiles d'une province, un résumé des renseignements connus sur l'origine de l'imprimerie dans cette province, et en y ajoutant quelques renseignements inédits, je pourrais être utile à plusieurs, sans nuire à qui que ce soit et à quoi que ce soit. J'ai donc placé cette notice en tête des TABLETTES des Bibliophiles de Guyenne.

Je publie mes notes non comme un travail complet, mais comme une base informe, sur laquelle d'autres pourront construire un monument plus étendu et peut-être définitif.

Cette notice, vaille que vaille, conservera à mes renseignements inédits leur priorité, et témoignera à mes collègues de la SOCIÉTÉ des Bibliophiles de Guyenne de mon zèle et de ma sympathie pour l'œuvre entreprise en commun.

ORIGINES

DE

L'IMPRIMERIE EN GUYENNE

---

§ I. — La même incertitude qui plane sur la date précise de l'invention de l'imprimerie règne sur l'époque de l'importation de cette découverte à Bordeaux. Par suite de la déplorable facilité avec laquelle se forment les opinions humaines, il est arrivé qu'un imprimeur habile ayant établi à Bordeaux, en 1572, une imprimerie supérieure à toutes celles de ses prédécesseurs, il a passé longtemps pour certain que Simon Millanges avait été le premier imprimeur établi à Bordeaux. De nos jours, cette opinion n'est pas tout à fait abandonnée, et elle est encore formulée, sans broncher, par quelques érudits jouissant d'ailleurs d'une réputation justement méritée. Je me bornerai à en citer un exemple récent; il est pris dans un de ces livres destinés à un grand succès de librairie, comme notre époque en a vu beaucoup, et que la postérité aura peut-être de la peine à comprendre, à moins que quelque déluge de barbarie n'engloutisse, dans un immense cataclysme, la nouvelle Babel, que l'imprimerie moderne est en train d'élever. Mon exemple est fourni par l'*Histoire de l'imprimerie,* qui fait partie du *Livre d'or des métiers,* publié, il y a peu d'années, par MM. Paul Lacroix, Édouard Fournier et Ferdinand Séré. On y trouve (page 153) ces mots : « Bordeaux » ne se donna une imprimerie, celle de Millanger *(sic),* » qu'en 1572 » (1).

Aujourd'hui, cependant, les bibliologues s'accordent généralement à faire reculer la date de l'introduction de l'imprimerie à Bordeaux jusqu'à l'année 1520, et je ne puis mieux indiquer cette nouvelle étape de la science qu'en me servant des notes fournies par l'éminent bibliographe bordelais, M. Gustave Brunet, à M. P. Deschamps, pour l'article *Burdigala* dans le *Dictionnaire de géographie ancienne et moderne à l'usage du libraire et de l'amateur de livres, Paris* 1867, *Didot, in-*8.

Dans cet article, M. Gustave Brunet établit que le premier ouvrage imprimé à Bordeaux est le *Summa diversarum questionum...,* achevé d'imprimer par Gaspard Philippe le 18 décembre 1520, et réimprimé, en 1524, par Jean Guyart. M. Gustave Brunet ajoute que M. Jean-Charles Brunet, après avoir décrit consciencieusement les deux volumes, prétend qu'il est peu probable que l'imprimerie bordelaise ait débuté par un ouvrage aussi considérable. Il semble ainsi affirmer que Gaspard Philippe, s'étant défait de son établissement à Bordeaux en 1524, après avoir formé

---

(1) Dans la même page, ces messieurs ont laissé imprimer que la ville de Chablis avait eu une imprimerie *au quatorzième siècle!!* Qui peut répondre de soi-même et de son imprimeur?

des élèves en état de le remplacer, revint à Paris, où il avait déjà imprimé en 1499 et 1508.

§ II. — Il est inutile de constater comment, par qui et à quelle époque avaient été propagées les diverses opinions successivement ou simultanément adoptées sur l'origine de l'imprimerie dans nos contrées.

Hâtons-nous de dire que la date de l'introduction de l'imprimerie en Guyenne, ainsi ramenée de 1572 à 1520, constitue une amélioration notable; néanmoins cette nouvelle date est encore inexacte, matériellement et moralement.

Si jusqu'ici personne n'a découvert aucun livre imprimé en Guyenne au xve siècle, il n'est pas moins certain qu'il y a eu des imprimeurs à Bordeaux antérieurement à 1520 et probablement avant l'an 1500.

Aux époques où l'on a placé successivement l'introduction de l'imprimerie à Bordeaux, près d'un siècle selon les uns, plus d'un siècle selon les autres, s'était écoulé depuis que l'imprimerie avait été inventée. Des imprimeurs s'étaient établis dans toute l'Europe : en Allemagne, en Italie, en Angleterre, en Espagne, dans toutes les provinces de France, dans un grand nombre de petites villes, et l'on voudrait que Bordeaux, capitale d'une immense province, siége d'un vaste archevêché, d'un parlement très-étendu, d'une université célèbre, etc., se soit volontairement privée, pendant si longtemps, des ressources qu'offrait cette vieille découverte, soit pour le gouvernement politique d'une aussi vaste province, soit pour l'administration de la justice, soit pour l'enseignement universitaire, soit pour l'administration financière, féodale, militaire, etc., cela n'est pas vraisemblable.

Tout autour de Bordeaux, des villes de quatrième et de cinquième ordre avaient eu des imprimeries (1), et la grande et importante cité de Bordeaux, dans un temps où la plupart des imprimeries étaient pour ainsi dire ambulantes, aurait obstinément fermé ses portes à tout imprimeur, lorsque plus de quarante villes françaises s'en étaient servies; cela n'est ni vraisemblable, ni possible.

Au contraire, on peut très-bien admettre comme vraisemblable : que tous les ouvrages imprimés à Bordeaux, avant 1520, et qui peut-être n'avaient pas une grande importance, ont tous péri, ou que les premiers imprimeurs venus à Bordeaux se sont bornés, comme beaucoup d'autres de leurs confrères, établis dans d'autres villes, à réimprimer des ouvrages déjà publiés et auxquels ils se gardaient de changer soit le nom de l'imprimeur, soit le millésime qui pouvait le mieux en assurer le débit. Dans les premiers temps de l'imprimerie, la contrefaçon et l'imitation complète d'un livre imprimé paraissaient choses aussi licites et aussi nécessaires que la transcription exacte d'un manuscrit; or, on ne connaît aucun privilége accordé à un imprimeur avant 1509, et ce n'est qu'après l'usage des priviléges de librairie qu'on a signalé des livres imprimés à Bordeaux.

Puisque le hazard seul a conservé jusqu'à nous un ou deux exemplaires au plus de quelques-uns des innombrables ouvrages composés par tous les imprimeurs établis en Guyenne pendant une période très-avancée

---

(1) Nantes, Poitiers, Limoges, Angoulême, Toulouse, Barcelonne, etc.

du XVIe siècle, il est plus naturel de supposer soit que les premiers imprimeurs n'ont imprimé, à Bordeaux, que des contrefaçons, soit que tous leurs labeurs ont été anéantis, que d'admettre, contre toute vraisemblance, que, lorsque tant d'autres villes françaises avaient déjà reçu des imprimeurs, une ville aussi importante que Bordeaux n'avait pas voulu s'en servir.

§ III. — Des considérations d'une autre nature semblent donner des forces nouvelles à ces conjectures.

Ainsi, il peut résulter des termes de la rubrique du premier article des constitutions synodales de l'archevêché de Bordeaux, imprimées par Jean Guyart en 1524, que ces constitutions avaient été non-seulement publiées, mais imprimées en 1502. Dans le même ouvrage, Jean de Foix ordonne, sous peine d'excommunication et de six livres d'amende, que tous les ecclésiastiques de son diocèse aient à se procurer un exemplaire de ces constitutions (fol. CII verso). *Quilibet ipsorum habeant hujusmodi statuta et illa custodient..... Copiam presentium constitutionum apud se habeant in scriptis signo secretarii nostri signatam.* Sans doute, le mot *copiam* ne veut pas dire rigoureusement un exemplaire imprimé; mais il est vraisemblable que, dans un temps où très-souvent des prêtres, ayant charge d'âmes, manquaient aussi complétement d'instruction que de ressources pécuniaires, l'archevêque de Bordeaux n'eût pas songé à forcer ses prêtres à avoir chacun un exemplaire de ses ordonnances si elles n'avaient pas été imprimées, et, par conséquent, plus faciles à lire et plus faciles à se procurer; et cela à une époque où les copistes, étant devenus plus rares, leurs œuvres devaient être payées plus cher.

D'autres vraisemblances viennent encore corroborer ces hypothèses.

Au siècle dernier, la communauté des libraires fit faire un recueil des documents qui pouvaient intéresser ses priviléges; notre bibliothèque en possède un exemplaire (n° 10334 B.), et dans le tome II, n° 74, se trouve une traduction manuscrite des priviléges accordés par Louis XI à l'Université de Bordeaux; or, on y trouve cette phrase : « Ordonnons que lesdits chance-
» lier, recteur, docteurs...., bedeaux, étudiants, secré-
» taires, *imprimeurs,* etc. » Si la traduction était exacte, il n'y aurait plus de doute ; un texte authentique constaterait qu'il y avait eu des imprimeurs à Bordeaux en 1472. Malheureusement la traduction de tous les noms énumérés dans la phrase citée est exacte, excepté pour un seul mot; le texte latin porte : cancellarium, rectorem, doctores....., bidellos, studentes, notarios, *stationarios,* sive librarios, etc., et *stationarios* désigne plutôt les vendeurs de manuscrits que les imprimeurs.

On voit par là que je n'ai pas été le premier frappé de ces pressentiments précurseurs de la vérité; en voici d'autres exemples :

M. Bernadau *(Œuvres manuscrites, t.* IV, *p.* 717, 723 *et* 732), s'est trompé à peu près de la même manière que le traducteur des priviléges de l'Université de Bordeaux, et sur le même sujet dont je viens de parler.

Lorsque Simon Millanges publia, en 1584, *Antiquæ constitutiones synodales Vasatensis diocesis,* rédigées en l'an 1500 par Philippe Varagius, évêque *in partibus* de Tagaste, et promulguées par le cardinal Amanieu d'Albret, évêque de Bazas, l'éditeur fit suivre ces anciennes ordonnances de deux ordonnances un peu plus récentes, promulguées en 1502, et il s'exprima ainsi : *Hæc decreta fuere promulgata anno* 1500, *sequuntur duæ novissimæ constitutionnes,* etc. Quoique le mot *promulgata* ne veuille pas dire à la rigueur que ces ordonnances de 1500 avaient déjà été *imprimées,* comme le terme de *novissimæ,* appliqué en 1584 à des actes de 1502, semble indiquer qu'il y en avait été fait une édition en 1502 ou 1503, M. Bernadau s'y laissa probablement tromper, et dit que Jean Maurus avait du les imprimer à La Réole, en l'an 1500.

M. J. B. Gergerès *(Histoire et description de la bibliothèque publique de Bordeaux, Coderc* 1864, *in-*8, *p.* 55), s'exprime ainsi : « S'il fallait s'en rap-
» porter à Timperley, bibliographe anglais, parmi les
» onze premières villes de France dans lesquelles l'im-
» primerie reçut d'heureuses et même de notables amé-
» liorations, Bordeaux aurait été la cinquième. »

Ce n'est pas dans l'ouvrage de Timperley que M. J. B. Gergerès a rencontré cette assertion (1); mais, sans doute, trompé par une fausse réminiscence, ce souvenir avait jeté aussi, dans l'esprit du bibliothécaire bordelais, un vague pressentiment de la vérité.

§ IV. — Tant de probabilités générales et particu-

---

(1) J'ai consulté : *Timperley's Encyclopedia of literary and typographical,* Londres, 1842, *in*-8. Le mot *Bordeaux* ne figure pas dans la table des matières qui termine cette volumineuse et indigeste compilation : il n'est question de cette ville ni dans le chapitre consacré au xve siècle, ni dans celui qui traite du xvie siècle; mais, dans une table chronologique des noms des villes dans lesquelles l'imprimerie fut successivement introduite, le nom de Bordeaux figure sous l'année 1529, c'est-à-dire après celui de trente-neuf autres villes de France.

lières se réunissent pour prouver que l'importation de l'imprimerie dans nos contrées doit remonter non-seulement aux toutes premières années du xvie siècle, mais aux dernières années du xve siècle, qu'il serait bien étonnant qu'il en ait été autrement.

Si le vrai peut quelquefois n'être pas vraisemblable, il n'en résulte pas que le vraisemblable ne soit jamais vrai; et, dans cette circonstance, tant de vraisemblances s'ajoutent les unes aux autres, qu'elles touchent presque à la réalité.

Du reste, à mes yeux, toutes les dissertations sur ce sujet sont un peu oiseuses, car il est certainement très-peu important de constater que l'usage de l'imprimerie a été apporté à Bordeaux avant le 31 décembre 1499 ou après le 1er janvier 1500. J'ajoute que la gloire de l'esprit humain en général et de l'invention nouvelle en particulier sont plus directement intéressées à établir la promptitude du rayonnement de l'imprimerie dans toutes les grandes villes, que la gloire de l'une de ces grandes villes n'est intéressée à constater que le hazard a pu conduire la course d'un imprimeur nomade plutôt dans nos murs que dans ceux d'une ville voisine.

Quoi qu'il en soit de ces raisonnements et de ces conjectures, le but et le plan de mon travail sont faciles à définir et à limiter.

Ma notice devra faire connaître les travaux des imprimeurs jusqu'ici connus, qui ont imprimé dans cette province aux époques où l'on a placé tour à tour la date de l'introduction de l'imprimerie en Guyenne, c'est-à-dire de 1517 à 1572. En examinant chacune des raretés bibliographiques qui constatent encore l'existence de nos premiers imprimeurs, mon travail rectifiera, complétera et même modifiera quelquefois profondément les données jusqu'ici admises sur l'établissement de l'imprimerie dans cette province. Il n'a pas d'autres prétentions.

JEAN MAURUS

§ V. — Le plus ancien imprimeur établi en Guyenne paraît jusqu'ici avoir été Jean Maurus, originaire de la ville de Constance, en Allemagne, et qu'avait appelé à La Réole le cardinal évêque de Bazas, Amanieu d'Albret.

Jean Maurus n'était pas seulement un typographe habile et abondamment muni de beaux caractères (il termina à La Réole, à douze jours de distance, deux ouvrages importants); c'était, en outre, un savant distingué, connaissant : l'allemand?, le français, le latin, et même un peu trop le grec, où je ne sais quelle langue, dont il se servit d'une manière bizarre et dont nous allons signaler l'abus en décrivant le premier de ses ouvrages connus. Ce volume porte le titre suivant :

𝔍𝔬𝔞𝔫𝔫𝔦𝔰 𝔐𝔞𝔲𝔯𝔦 𝔈𝔬𝔫𝔰𝔱𝔞𝔫𝔱𝔦𝔞𝔫𝔦 in | comentarios compositionu ([1]) ac | derivationu lingue latine ad | micatissimu spectate que nobilitatis | viru Joanne de Haulcourt ra | diantissimu juris utriusque doctore | Burdegalenque senatorem.

([1]) Nous manquons des signes nécessaires pour indiquer les abréviations marquées dans l'original de ce texte; mais l'intelligence des lecteurs comprendra aisément qu'il faut suppléer par la pensée les signes qui indiquaient ordinairement, à cette époque, la suppression des : m, u, er, re, ar, etc.

Ce titre n'est pas le titre véritable de l'ouvrage, c'est le titre de départ du seul exemplaire que nous connaissons, et qui occupe, dans la Bibliothèque publique de Bordeaux, le n° 14586.

C'est un volume in-4° contenant 52 ff. chiffrés, au lieu de 53 indiqués par le dernier feuillet. (Le chiffre 37 avait été oublié : la dernière signature est N IIII). Les feuillets des titre, tables, dédicace, errata, etc., qui sont ou étaient au commencement, n'avaient pas été chiffrés. Notre exemplaire, un peu piqué, ne possède que trois de ces feuillets préliminaires : le titre et la première partie de la dédicace ont été enlevés.

Le *Manuel du Libraire,* t. III, c. 1547, cite notre exemplaire d'après une note fournie par M. Gustave Brunet; mais il ne dit pas que le titre qu'il donne est le titre de départ et non le titre du frontispice.

On lit, à la fin de ce volume : Finis compositionu ac derivationu lingue latine | Reole impressaru in edibus Joannis Mauri Constantiani anno domini millisimo quingentesimo xvii, xv junii.

Ajoutons que Jean Maurus, pour soulager la mémoire de ses lecteurs, avait inventé quelques noms *(artificiosa vocabula),* sous lesquels il avait classé les différentes propositions qui entrent dans la composition des mots. Voici quelques-uns de ces mots artificiels dont la table se trouve au commencement du volume :

> Catagalanaparasat,
> Efoholomoposoq,
> Bodogoilomonoporou,
> Predogolomonoro, etc.

Le second des ouvrages, imprimés à La Réole par Jean Maurus, fait aussi partie de la Bibliothèque publique de Bordeaux, sous le n° 33209. C'est aussi le seul exemplaire connu ; c'est un volume in-4° de 58 feuillets, non chiffrés. Il est intitulé : L'instruction des cures, recteurs et vicai | res pour instruire le simple peuple. — Bazas. — Ce present livre est tres necessaire a tous | cures, recteurs, vicaires, maistres d'escol | es, hospitaulx et a toutes personnes, desirans | le salut de leurs ames, et y a grans pardons | a tous ceulx qui y liront et oyront lyre.

L'ouvrage est terminé par cette inscription : Cy fine le livre de maistre Jehan Ger | son, iadis chacellier d. Paris, appelle en lati | : Opus triptitu, c'est à dire de trois parties. | C'est assavoir : des comademens de Dieu, de | confession et sciece de bien mourir. Imprimé | à La Reole, le xxvii iour de Juing, lan mille | cinq cens et xvii, par maistre Jehan Mau | rus, demeurant aud. lieu de par le comade | met de monsieur de Bazas (¹).

A la suite, vient : Le *Livre de Jésus*, résumé en vers français et en 4 pages, des principales instructions contenues dans le reste de l'ouvrage.

Le frontispice est orné des armoiries d'Amanieu d'Albret, enfermées dans un trait carré, surmontées du chapeau de cardinal, et qui sont écartelées : d'Albret et de France. Le même bois est reproduit au verso du 58ᵉ folio.

Le second feuillet est orné d'une très-grande initiale, gravée sur bois, et dans l'intérieur de laquelle est représenté un roi, probablement David, qui a déposé sa couronne et prie agenouillé.

Au folio 34, une autre initiale, plus petite, dans

---

(1) Amanieu d'Albret, fils d'Alain d'Albret, comte de Dreux, et de Françoise de Bretagne, dame de Penthièvre, était cardinal, évêque de Bazas, Pamiers, Pampelune et Oleron, abbé de Brantome, de Saint-Amand, du Mas-d'Azil, etc. Il fut nommé évêque de Bazas en 1503 ; mourut en 1520 ; et fut enterré à Casteljaloux.

laquelle est représenté la Vierge et l'Enfant Jésus. L'exemplaire de la Bibliothèque de la ville a conservé sa reliure, mais il a été piqué des vers, et les folios qui portaient les signatures N ii, iii et iiii ont été totalement enlevés. Le feuillet signé le O iiii est déchiré diagonalement.

L'importance et la rareté de ce volume méritent que nous disions quelques mots de son contenu (1).

Les textes latins, imprimés en petits caractères, et la traduction française, en caractères plus gros, sont d'une remarquable netteté.

L'ouvrage commence par un mandement de l'évêque de Bazas, également en latin et en français, avec les mêmes caractères. Amanieu d'Albret, considérant la nécessité de pourvoir à l'instruction des curez simples et non lettrez et autres semblables ayans charge d'ames, n'a trouvé rien de mieux que de faire imprimer correctement en fran-

---

(1) J. M. Brunet : *Manuel du Libraire*, t. iii, col. 1558, parle de plusieurs éditions de cet ouvrage, antérieures et postérieures à celle-ci, dont quelques-unes portent aussi le titre : *Instruction pour les curez*, mais il ne cite pas notre édition. L'exemplaire que possède la Bibliothèque de la ville est donc probablement unique. Ajoutons cependant que M. Dupin, auquel l'histoire locale de La Réole doit tant de reconnaissance, possède le frontispice d'un autre exemplaire de ce volume, imprimé par J. Maurus.

Le *Bulletin du Bouquiniste*, 1868, p. 363 et suivantes, contient un article sur une *Édition rarissime d'un ouvrage de Gerson*. L'auteur anonyme de cet article, après avoir cité un passage du *Manuel du Libraire*, extrait de Court de Gébelin, à propos d'une traduction en patois de l'*Instruction pour les curez*, publiée à Rodez en 1515, par les soins du cardinal d'Armagnac, dit qu'il a retrouvé une édition de ce livre, imprimée aussi à Rodez en 1556, par J. Mottier, libraire de Rodez, qui faisait ordinairement imprimer ses volumes à Lyon.

çais et en latin l'ouvrage composé par Jean Gerson, afin que plus facilement, et à vils prix, ung chacun puisse l'avoir promptement. En conséquence, il ordonne à tous les prêtres de son diocèse de se munir de ce livre et des ordonnances synodales du diocèse (qu'il avait probablement fait aussi imprimer), sur peine arbitraire, et, au contraire, il accorde diverses indulgences à tous ceux qui le liront ou l'entendront lire.

Il est impossible de citer ici toutes les choses remarquables qui se trouvent dans le livre, trop peu connu, du vénérable chancelier de l'Université de Paris. Bornons-nous à dire : qu'il existe, quelquefois, des différences assez notables entre la portée des expressions latines et françaises; que, dans le dernier chapitre, celui qui concerne les soins à donner aux malades dans les hopitaux, le pieux chancelier de l'Université, partant de ce principe qu'il est plus utile de sauver l'âme que le corps, en arrive à conclure qu'il ne faut pas essayer de guérir le corps en éloignant l'esprit des terreurs de la mort; et, enfin, que les médecins ne devraient donner leurs soins qu'aux malades qui se sont confessés.

La collection des vers français qui, sous le nom de *Le Livre de Jésus,* occupe les derniers feuillets, mérite aussi une attention spéciale; nous nous bornerons à citer le premier verset des sept œuvres de miséricorde corporelle :

> Aux pouvres bon pain doneras.
> Et point ne les esconduiras,
> De tel bruvage come auras,
> De bo cueur les abruveras.

GASPARD PHILIPPE

§ VI. — A peu près dans le même temps où Jean Maurus était venu s'établir à La Réole, d'autres imprimeurs s'étaient établis à Bordeaux. Il est aujourd'hui démontré que le premier imprimeur établi à Bordeaux n'est pas Jean Guyart, comme on l'a cru quelque temps (1), c'est maintenant à Gaspard Philippe que cet honneur est attribué jusqu'à ce que de nouvelles découvertes lui enlèvent le rang qu'il a enlevé à Jean Guyart.

Gaspard Philippe travaille à Paris de 1490 à 1510. Il disparaît ensuite pendant une dizaine d'années; puis on le retrouve travaillant à Bordeaux en 1520, et même en 1519, comme nous allons bientôt le dire. Cette nouvelle découverte vient prouver encore combien étaient futiles et légers les raisonnements dont se servirent les

(1) M. J. Ch. Brunet, dans la 4ᵉ édition du *Manuel du Libraire*, *t.* I, *p.* 131, disait encore en 1842, trompé par Panzer *(Annales typogr., t.* VI, *p.* 343), que *Les Gestes des Solliciteurs*, imprimés par J. Guyart en 1529, étaient le premier livre imprimé à Bordeaux, quoique, depuis plus de cent ans, Legallois, dans son *Traité des plus belles bibliothèques, Paris,* 1680, *Et. Michallet, in-*12, *p.* 164, eût signalé les œuvres de Tarregua comme imprimées à Bordeaux en 1520, et que soit M. J. M. Caillau, en 1820, dans l'*Almanach de la Société royale de médecine de Bordeaux,* soit le *Catalogue de la Bibliothèque publique de Bordeaux,* imprimé en 1830, eussent surabondamment signalé l'existence d'un livre imprimé à Bordeaux antérieurement à cette époque.

anciens bibliographes pour constater l'époque de l'introduction de l'imprimerie à Bordeaux. En effet, le même raisonnement qu'ils employaient pour établir que Jean Guyart était le plus ancien imprimeur bordelais, appliqué à Gaspard Philippe, aurait constaté que celui-ci était mort ou avait renoncé à l'imprimerie depuis l'an 1510.

Si nous étions obligés de croire que, puisque les anciens ouvrages des imprimeurs bordelais, antérieurs à l'an 1520, ne se retrouvent pas, il n'y avait eu jusqu'alors aucun imprimeur dans la capitale de l'immense province de Guyenne, il faudrait admettre que, pendant que Jean Maurus, dont nous venons de parler, et Jean Garnier, dont nous allons parler, étaient venus mettre au service du petit diocèse de Bazas deux imprimeries munies d'un matériel considérable, le puissant archevêché de Bordeaux n'avait eu aucune imprimerie à sa disposition.

Plusieurs découvertes ont déjà prouvé que ces suppositions étaient aussi fausses qu'invraisemblables, et de nouvelles recherches peuvent, au premier jour, venir démontrer que Bordeaux avait réellement eu l'honneur d'avoir un, et peut-être même plusieurs imprimeurs, à l'époque glorieuse du 31 décembre 1499, au lieu d'avoir reçu l'affront de n'en avoir eu qu'après le 1 janvier 1500.

Malheureusement, pour les recherches futures des bibliographes, il se trouve que, par une coïncidence singulière et fâcheuse, les noms des deux premiers imprimeurs jusqu'ici connus pour avoir travaillé à Bordeaux sont des noms très-usités et communs à beaucoup de familles, en sorte qu'il est très-difficile de reconnaître et de suivre leurs traces dans les diverses localités qu'ils ont habitées, et encore plus de suivre ou de retrouver leurs généalogies. Presque partout on rencontre des Guyart, et, dès les débuts de l'imprimerie, le nom de Philippe semble avoir été spécialement réservé pour des imprimeurs. A la fin du xve siècle, on remarque des imprimeurs du nom de Philippe chez presque tous les peuples de l'Europe : en France, en Allemagne, en Italie, etc. De même, plusieurs Jean Guyart ont écrit, dans différentes provinces et à diverses époques, des ouvrages dont le souvenir s'est conservé.

§ VII. — Gaspard Philippe, qui peut-être était d'origine suisse, comme nous l'établirons tout à l'heure, a imprimé à Paris plusieurs ouvrages ; ceux que nous connaissons sont peu importants. Gaspard Philippe y a fait usage de différentes marques reproduites soit par M. J. Ch. Brunet : *Manuel du Libraire,* t. I, col. 274, et t. IV, col. 856, soit par M. L. C. Silvestre : *Marques typographiques. Paris,* 1853, *P. Jannet, in*-8, n°s 110.111.

Malgré d'assez longues recherches, nous n'avons trouvé, portant le nom de cet imprimeur, que les ouvrages suivants :

1° Le Chasteau de labour, par Pierre Gringore, in-4°, gothique, sans date, 41 ff. non chiffrés, avec une figure en bois, portant au verso du dernier feuillet : « *Imprimé à Paris par Gaspard Philippe, demourant en la rue St Jacques, à l'enseigne des trois pigeons.* » *(Manuel du Libraire,* t. II, col. 1743.)

2° La Pragmatique sanction, *en Françoys.... imprimé à Paris par Gaspard Philippe, pour Martin Alixandre et ses consorts,* 1508, *in*-4°, gothique, portant la marque ordinaire de Gaspard Philippe. Un exemplaire sur vélin, que possède la Bibliothèque impériale, n'a pas de date, et porte un titre un peu différent. (*Manuel du Libraire*, t. IV, col. 856.)

3º *Publii Fausti Andrelini de captivitate Sphorcie*, in-4º, sans date, 8 ff. non chiffrés, caractères ronds. C'est un poème latin, en vers hexamètres, dédié au roi Louis XII par P. F. Andrelini, de Forly : il porte la marque de Gaspard Philippe. Le *Manuel du Libraire* (t. I, c. 274) regarde cette édition comme antérieure à celle que Jean Petit acheva d'imprimer à Paris le 25 mai 1505.

§ VIII.— La trace des travaux de Gaspard Philippe disparaît pendant une dizaine d'années; et, plus tard, on le retrouve à Bordeaux, où il a établi son imprimerie près de l'église de Sainte-Colombe, et où il se sert de la même marque qu'il employait à Paris.

Le plus ancien souvenir qui reste de l'établissement de cette imprimerie à Bordeaux, a été trouvé, par hazard, collé dans l'intérieur d'un carton servant de couverture à un registre des minutes d'un notaire de La Réole, nommé Cassannet, et recueilli avec autant de soin que d'intelligence par M. Michel Dupin, archiviste de la ville de La Réole, auquel l'histoire locale de nos contrées est redevable de nombreux et d'importants services. C'est une feuille en caractères gothiques, se terminant par ces mots : 𝔄𝔢𝔩𝔦𝔦 𝔄𝔫𝔱𝔬𝔫𝔦𝔦, 𝔫𝔢𝔟𝔯𝔦𝔰𝔰𝔢𝔫𝔰𝔦𝔰 𝔤𝔯𝔞𝔪𝔪𝔞𝔱𝔦𝔠𝔦 𝔦𝔫𝔱𝔯𝔬𝔡𝔲𝔠𝔱𝔦𝔬𝔫𝔲 𝔩𝔞𝔱𝔦𝔫𝔞𝔢 𝔲𝔩𝔱𝔦𝔪𝔞 𝔯𝔢𝔠𝔬𝔤𝔫𝔦𝔱𝔦𝔬 𝔣𝔦𝔫𝔦𝔱 𝔣𝔢𝔩𝔦𝔠𝔦𝔱𝔢𝔯, 𝔦𝔪𝔭𝔯𝔢𝔰𝔰𝔞𝔮𝔲𝔢 𝔣𝔲𝔦𝔱 𝔅𝔲𝔯𝔡𝔦𝔤𝔞𝔩 𝔭𝔢𝔯 𝔊𝔞𝔰𝔭𝔞𝔯𝔡𝔲 𝔓𝔥𝔦𝔩𝔦𝔭𝔭𝔢, 𝔠𝔬𝔯𝔞𝔪 𝔱𝔢𝔭𝔩𝔬 𝔡𝔦𝔳𝔢 𝔠𝔬𝔩𝔲𝔪𝔟𝔢 𝔠𝔬𝔪𝔬𝔯𝔞𝔫𝔱𝔢, 𝔞𝔫𝔫𝔬 𝔇𝔫𝔦 𝔪𝔠𝔠𝔠𝔠𝔠𝔯𝔦𝔯, 𝔡𝔦𝔢 𝔳𝔢𝔯𝔬 𝔢𝔱 𝔳𝔦𝔤𝔦𝔩𝔦𞸵 𝔫𝔞𝔱𝔦𝔳𝔦𝔱𝔞𝔱𝔦𝔰 𝔇𝔫𝔦. On ne trouve cette édition mentionnée nulle part; mais nous pouvons déjà constater ainsi que, de modifications en modifications, le premier imprimeur établi à Bordeaux s'est trouvé transformé de Simon Millanges en Jean Guyart, et de Jean Guyart en Gaspard Philippe. La date du premier livre imprimé à Bordeaux se trouve aussi reculée de plus d'un demi-siècle : de 1573 à 1519.

L'année suivante, en 1520, Gaspard Philippe publiait à Bordeaux un ouvrage beaucoup plus considérable : Suma diversarum questionum medicinaliu per ordine alphabeti collectaru per magistru Gabrielem de Tarregua, doctorem regentem Burdegale. — Aggregatio ejusdem de curis quarunda egritudinu per modum summe. — Textus Avicene per ordinem alphabeti in sentetia per eundem reportatus, cum quibusdam additionibus et cocordantiis galieni et quorundam aliorum doctorum. Au-dessous de ce titre, on distingue le portrait de Tarregua, ou d'un astrologue, et la marque de l'imprimeur Gaspard Philippe; puis, ces mots : Impressum est hoc opus et copletu Burdegale decima octava die mesis decembris anno Cristi millesimo quingetesimo vicesimo, per Gaspardu Philippum, calcographum, prope sanctam columbam morantem.

Ce frontispice, imprimé en rouge et noir, est entouré de vignettes sur bois formant encadrement. L'exemplaire de cet ouvrage, maintenant unique, que possède la Bibliothèque Impériale sous le n° 7415, lui vient de la Bibliothèque de Falconet, dans le catalogue de laquelle il occupait le n° 4950, sous le nom mal lu de *Categua;* il forme un in-folio gothique composé de 10 ff. préliminaires et de 229 ff. chiffrés pour les trois ouvrages dont se compose le volume.

Le privilége, donné pour trois années seulement, est accordé à l'auteur et non à l'imprimeur, et daté d'Amboise le 10 nov. 1520. Le premier traité publié par Tarregua, le seul qui porte une date, finit ainsi : *Et sic finis hujus aggregationis, per ordinem alphabeti, decima februarii, anno Nativitatis Domini* mccccxx, *in civitate Burdegalensi.* Il faut donc admettre que cette date, qui correspond au 10 fév. 1521, nouveau style, et qui est postérieure à la date annoncée sur le frontispice, n'est pas la date de la fin de l'impression de ce traité, mais la date du jour où il fut achevé d'être écrit par l'auteur ou par un copiste.

Il n'y a aucun autre moyen d'expliquer cette contradiction, à moins d'admettre une erreur d'impression commise soit en oubliant d'ajouter aux mots : *millesimo quingentesimo vicesimo,* que le compositeur avait l'habitude de mettre sur les frontispices, celui de *primo,* soit en écrivant, à la fin du traité, mccccxx au lieu de mccccxix ; cependant, on pourrait encore supposer, et cela est même plus probable, que Gaspard Philippe étant mort pendant l'impression du livre, ses ouvriers ont voulu constater ce fait sur le frontispice préparé de son vivant, et ne pas indiquer comme exécuté par Gaspard Philippe un volume portant une date postérieure à celle de sa mort.

Quoi qu'il en soit, il est certain que l'imprimerie de Gaspard Philippe était munie d'un matériel typographique très-considérable, car le premier des trois ouvrages que contient ce volume est divisé en chapitres excessivement nombreux, plus de mille ; et comme tous ces chapitres commencent par le mot : *Queritur,* formé par une grande initiale gravée, il a fallu une énorme quantité de la même lettre initiale pour imprimer si rapidement un ouvrage aussi considérable.

Ce qui est certain aussi, c'est que les feuillets des trois ouvrages, imprimés en tout ou en partie du vivant de Gaspard Philippe, ont été utilisés par son successeur, Jean Guyart, au moyen d'un autre frontispice portant la date de 1524; mais, avant de décrire ce nouveau tirage, il est bon de donner ici, sur Gaspard Philippe, un renseignement biographique important, trouvé récemment aux Archives départementales dans les minutes des anciens notaires.

Les minutes de Mᵉ Brunet, notaire, contiennent, à la date du 18 juillet 1526, le testament d'honnête femme Gillette Moline, qui déclare être veuve de Gaspard Philippe, et femme de Jean Guyart. Gillette Moline demande à être enterrée dans une des chapelles de l'église Sainte-Colombe, à côté de son premier mari, et fait des legs particuliers à chacun des cinq enfants qu'elle a eu de ses deux maris, dont quatre de Gaspard Philippe. Ceux-ci se nommaient : Héloïse, Etienne (1), Jean et Genevoise. Ce dernier nom semble indiquer que Gaspard Philippe ou Gillette Moline étaient, comme Jean Maurus, originaires de la Suisse, ou, du moins, qu'ils avaient habité Genève après avoir quitté Paris pour venir s'établir à Bordeaux. Dans tous les cas, il résulte de ce document que Jean Guyart avait remplacé Gaspard Philippe dans son imprimerie et dans son union avec Gillette Moline.

---

(1) Nous trouverons, quarante ans plus tard, un libraire de Bordeaux, nommé Etienne Thoulouze; ne serait-ce pas le fils de Gaspard Philippe et de Gillette Moline qui aurait négligé le nom de famille de son père pour adopter celui de la ville où il était né?

JEAN GUYART.

§ IX. — J'ai déjà dit (page 20), que le nom de Guyart, Guyard, Guiart, Guillard, etc., même précédé du prénom de Jean, avait été si commun, qu'il était presque impossible d'affirmer que les renseignements concernant des individus porteurs des mêmes noms, à la même époque et dans la même localité, ne concernaient pas deux individus différents. Je suis donc obligé de me borner ici à dire qu'il est probable que Gaspard Philippe, en venant s'établir à Bordeaux à peu près dans le même temps que Jean Maurus s'était établi à La Réole, amena ou y trouva déjà établi un autre imprimeur, sire Jean Guyart, qui bientôt après remplaçait son confrère décédé, s'installait dans sa maison, insérait son nom dans la marque dont celui-ci s'était servi, et épousait sa veuve. Gillette Moline, en mourant, laissa quatre enfants de son premier mari, deux garçons et deux filles, et un garçon de son second mariage, Arnaud Guyart, dont la destinée est jusqu'ici incertaine.

Le premier livre que nous connaissons comme sorti de l'imprimerie de Jean Guyart est le même ouvrage de Gabriel de Tarregua, que nous venons d'indiquer comme imprimé par Gaspard Philippe; mais il est certain que Jean Guyart était déjà maître imprimeur et établi à Bordeaux longtemps avant la date de 1524, portée par la nouvelle édition du Tarregua, car on trouve un autre acte passé devant M⁰ Brunet, notaire, qui constate que, le 28 mars 1520 ou 1521, selon notre manière de compter, sire Jean Guyart, maître imprimeur, avait passé contrat avec François Morpain, fils de Colas Morpain, de la paroisse de Saint-Vincent d'Ivrac, Entre-deux-Mers, par lequel, moyennant huit boisseaux de froment, J. Guyart s'était chargé d'apprendre l'imprimerie à Fr. Morpain, de le nourrir, coucher et chausser pendant trois années, et de lui donner, à la fin de son apprentissage, une paire de chausses de la valeur d'un écu d'or. *(Archives départementales : E, minutes de Brunet*, LXVII, 7). Cependant, il est possible que Jean Guyart n'ait ressenti le besoin de prendre un apprenti qu'au moment où la mort de Gaspard Philippe le fit passer du rang d'ouvrier à celui de maître, car il ne s'est conservé aucun ouvrage portant sa marque, si ce n'est quatre ans après l'époque où nous le voyons prendre un apprenti.

Il n'est pas moins certain que M. Gustave Brunet s'est trompé dans l'excellent article consacré aux origines de l'imprimerie à Bordeaux, dans le *Dictionnaire de Géographie ancienne et moderne*, t. 1, col. 224, lorsqu'il a dit que Gaspard Philippe abandonna Bordeaux après y avoir formé des élèves en état de le remplacer; puis, retourna à Paris.

L'édition de Tarregua, datée de 1524, est, comme nous l'avons dit, un volume dont les trois premières parties avaient été publiées avec un frontispice portant le nom de Gaspard Philippe et le millésime douteux de 1520, et qui reparut augmenté de deux autres parties avec un autre frontispice portant le nom de Jean Guyart et le millésime de 1524.

Les feuilles des trois premières parties sont identiquement les mêmes que celles qui avaient été publiées avec le nom de Gaspard Philippe; cependant, au bas de la page qui contient le privilége accordé à Tarregua pour trois ans, le nouvel éditeur a ajouté, dans un espace qui était resté en blanc, l'analyse d'un autre privilége qui constate qu'à l'expiration du premier privilége de trois ans, ledit de Tarregua a obtenu autres lettres pour faire imprimer à Bordeaux un certain *Compendi,* avec défenses de réimprimer ladite *somme* et ledit *Compendi* avant deux ans révolus, depuis que ledit *Compendi* aura été parachevé d'imprimer.

Voici le titre du nouveau frontispice mis en tête de cette seconde édition ou second tirage, tel qu'il est figuré dans un exemplaire de cette seconde édition que possède la Bibliothèque Impériale : T. 279, et dans un autre exemplaire possédé par la Bibliothèque Mazarine :

Habes humane lector Gabrielis de Tarrega, Burdigalensis civitatis medici regentis et ordinarii opera brevissima theoricam et praticam medicinalis scientie pro majori parte amplectantia, facili ingeniosoque stillo per ipsum accumulata, medicis instruendis utilissima, et primo sequitur : Summa diversorum questionum medicinalium per ordinem alphabeti.—Aggregatio perutilis de curis quarumdam egritudinum... Textus Avicenne per ordinem... Compendium eorum que super tegni Galieni... Figura amplissima. Burdigalæ noviter impressa per Joannem Guyart.

Nicolas Antonio : *Bibliotheca hispana nova... Madrid,* 1783, *Ja. de Ibara, in-folio,* t. 1, p. 509, cite un autre exemplaire, qui, en admettant l'exactitude de la transcription de son titre, aurait contenu, sur le frontispice, ces mots qui diffèrent un peu de ceux que nous venons de citer : *Opera brevissima theoricam et practicam medicinalis scientiæ amplexantia pro majori parte : hoc est — Summa diversarum quæstionum — Aggregatio de curis quarumdam ægritudinum per modum Summæ — Textus Avicenæ per ordinem alphabeti in sententia per eundem reportatus, cum quibusdam additionibus et concordantiis Galeni et aliorum — Compendium eorum, quæ super techni (arte) Galeni et aphorismis Hippocratis scribuntur—Figura amplissima rerum naturalium, non naturalium et contra naturam.—Hæc omnia simul edita sunt Burdigalæ apud Joannem Guyart*, 1524.

§ X. — La Bibliothèque de la ville de Bordeaux possède, elle aussi, un exemplaire des œuvres de Tarregua, et, s'il fallait s'en rapporter au texte de son catalogue imprimé (1), cet exemplaire aurait eu un frontispice portant ces mots :

Tarraga *(Gabrielis de). Summa diversarum questionum medicinalium per ordinem alphabeti collectarum; et omnes ejusdem tractatus — Burdigalæ,* 1520 à 1524. *In-f°.*

Mais le premier examen du volume suffit pour convaincre que ce titre a été complétement composé, si non inventé, par le rédacteur du Catalogue.

La reliure de notre exemplaire est ancienne, et son premier feuillet, portant une inscription constatant qu'il a fait partie de la Bibliothèque du Couvent des

(1) *Catalogue.... Sciences et Arts. Bordeaux*, 1825, *Imprimerie royale, page* 588, numéro d'ordre 6812, et numéro de classement, autrefois 1082, et maintenant 3524.

Recollets, il est certain qu'à l'époque de l'impression du Catalogue de la Bibliothèque de la ville, comme aujourd'hui, le frontispice avait été enlevé, et que le rédacteur du Catalogue, sans en prévenir, a composé un titre de fantaisie, auquel il a ajouté : *Et omnes ejusdem tractatus* (1).

En outre, ces mots ne sont pas seulement imaginaires ; ils contiennent une assertion complétement fausse. Les cinq ouvrages de Gabriel de Tarregua, ordinairement réunis sous des frontispices plus ou moins modifiés, ne sont pas les seuls que Tarregua ait publiés ; il en existe plusieurs autres aussi imprimés par Jean Guyart, et dont nous parlerons plus tard.

§ XI. — Nous allons maintenant examiner, chacun en particulier, les divers ouvrages de Gabriel de Tarregua, sans tenir compte des frontispices plus ou moins véridiques sous lesquels ils ont pu être réunis.

N° 1. *In nomine Salvatoris qui...... incipit : Summa diversarum questionum medicinalium per ordinem alphabeti collectarum, per magistrum Gabrielem de Tarega doctorem regentem Burdegale. Et primo de littera A.*

Ces mots composent le titre de départ, imprimé en rouge, et qui vient après la table des matières, le pri-

(1) M. J. B. Gergerès *(Histoire... de la Bibliothèque... Bordeaux,* 1864, Coderc, in-8, p. 59), a été trompé par cette rédaction imaginaire, et il a félicité la Bibliothèque qu'il administre de posséder tous les ouvrages indiqués par le *Manuel du Libraire.* C'est par distraction aussi qu'il a constaté qu'il manque à son exemplaire « les dix feuillets préliminaires, le frontispice et l'épitre dédicatoire. » Le frontispice seul a été enlevé : l'épitre dédicatoire, le privilége, etc., figurent dans les 9 ff. préliminaires qui ont été conservés.

vilége, la dédicace, etc. Les questions médicales, rangées par ordre alphabétique, occupent 106 feuillets chiffrés (la dernière feuille est mal signée) et se termine par ces mots, qui indiquent l'époque où l'auteur a fini la transcription de son ouvrage, et non pas le jour où l'impression a été terminée : *Et sic finis hujus aggregationis per ordinem alphabeti decima die februarii anno nativitatis Domini* mccccxx *in citivate Burdegalense, ad laudem Omnipotentis et utilitatem juvenum.* Finis.

Le feuillet blanc qui sépare, dans l'exemplaire de la Bibliothèque de Bordeaux, le premier ouvrage de Tarregua du second traité, peut avoir été destiné soit à recevoir la date de l'impression du premier ouvrage, soit à recevoir le frontispice du second, car il ne porte aucune signature, et le premier feuillet de ce second ouvrage est signé aai, tandis que les frontispices des autres ouvrages qui nous ont été conservés sont toujours imprimés sur le premier feuillet du premier cahier.

Les questions traitées par l'auteur, et qui sont au nombre de plus de mille, commençant toutes par le mot *Queritur*, il a fallu à l'imprimeur un nombre très-considérable de grandes initiales de la même lettre. Son imprimerie était donc pourvue d'un matériel très-abondant; cependant, comme l'imprimeur voulait sans doute conserver plusieurs formes avant de les remettre en pâte, il a souvent suppléé à l'insuffisance des q, en remplaçant cette lettre par d'autres lettres ornées dont la forme est à peu près semblable, comme o, d, etc., qui sont quelquefois renversées. Très-souvent aussi il s'est contenté de mettre une petite lettre au milieu de l'espace en blanc que devait occuper une grande initiale.

L'exemplaire de la Bibliothèque de la ville porte, au recto du folio vii, une note marginale signée Tarragua, qui, peut-être, est un autographe de l'auteur.

N° 2. Ce second ouvrage, sans frontispice, sans dédicace, etc., commence, dans l'exemplaire que possède la Bibliothèque de Bordeaux, sur le recto du premier cahier, par une table des matières, qui n'occupe pas toute la première page de la feuille signée AA. Cet ouvrage était donc destiné à faire un seul volume avec l'ouvrage précédent, car le registre de ses signatures, au lieu de commencer par AI, commence par AAI.

Voici le titre de départ : TABULA. *Gabrielis de Taregua, in medicina doctoris, aggregatio perutilis de curis quarundam egritudinum permisso Trinitatis auxilio feliciter incipit. Et primo... etc.*

L'ouvrage, divisé en 60 chapitres, et commençant au verso du premier feuillet, occupe 63 feuillets chiffrés, et se termine par une inscription relative à la date de la transcription de la copie et non à celle de l'impression : *Et sic imponitur finis, pro nunc huic aggregationi, anno Domini* MCCCCXX, *in civitate Burdegale, ad laudem illius qui cunctos sanat langores, et juvenum medicorum utilitatem.*

N° 3. *Textus principis Avicenne per ordinem alphabeti in sententia reportatus, cum quibusdam additionibus et concordantiis Galieni et quorundam aliorum doctorum per magistrum Gabrielem de Taragua, doctorem regentem Burdegale.*

Au-dessous de ce titre a été placé le portrait d'un docteur, assis ; le tout est entouré d'un encadrement formé de 22 vignettes rapprochées, et représentant : des apôtres, des saints et d'autres figures.

Le premier mot de ce recueil est : *aborsus ;* le dernier : *Zucharum.* A la suite, dans un espèce d'avertissement qui précède une table alphabétique, dont la justification est plus grande que celle du texte de l'ouvrage, Gabriel de Tarregua affirme qu'il a publié le premier le texte d'Avicenne : ...*habes, charissime lector, textum Avicenne per ordinem alphabeti Burdegale primo impressum........ Non igitur oro murmure livido quispiam labatur, si opusculum presens non sit in prima sui impressione quibusdam mendulis expurgatum, impressoris aut assistentis correctoris defectu, melius namque duximus quod hoc opusculum tali modo ad juvenum utilitatem maneret impressum, quam quod idem longo dierum curriculo hoc munusculo carerent....,* etc.

L'ouvrage occupe 60 ff. chiffrés ; l'avant-dernier porte LXI et le dernier LIX, dans l'exemplaire de la Bibliothèque de la ville comme dans celui de la Bibliothèque Impériale ; tous deux sont ornés de la marque de Gaspard Philippe. Ainsi, il est bien avéré que, si Gaspard Philippe a réellement imprimé ces trois premiers ouvrages de Tarregua, J. Guyart s'est ensuite servi de ces premières feuilles, a changé le frontispice et y a ajouté d'autres ouvrages.

N° 4. *Compendium eorum que super techni Galieni et aphorismos Ypocratis scribuntur, medicis instruendis utilissimum per eundem de Taraga aggregatum, Burdegale noviter impressum per Joannem Guyart, calcographum, prope Sanctam-Columbam commorantem.*

Au-dessous de ce titre, on voit les armoiries de Bordeaux entourées de petites vignettes, et le tout encadré de vignettes plus grandes.

Ce volume, précédé d'une dédicace dont nous allons parler, et d'une table des matières occupant 4 ff., contient, en outre, 90 ff. chiffrés, dont les cahiers sont signés A. B., etc., comme à l'ordinaire, quoique les mots qui se trouvent dans le titre : *Per eundem de Tarraga,* indiquent suffisamment que cet ouvrage a été destiné à faire suite au : *Textus principis Avicenne.*

Le texte de ce répertoire est terminé par ces mots : *Et sic imponitur finis huic abreviationi decima octava decembris, anno Domini* MVCXXIII, *Laus Deo.* Au-dessous se trouve une autre inscription, qui semble indiquer que l'imprimeur regardait ce volume comme fini, et qui affecte cette forme bizarre :

> ✠
>
> Im-
> pressum est
> hoc breve com-
> pendium Burdega-
> le, et finitum decima
> nona octobris, anno
> Domini milesimo quin-
> gentesimo vigesimo
> quarto, ad laudem
> Dei omnipoten-
> tis et juve-
> num utilita
> tem
>
> ✠

Le frontispice, la dédicace et les tables occupent 4 ff. Le texte est contenu dans 90 ff. chiffrés.

Le *testament* de Galien occupe 49 ff.; il a été fini le 7 mai 1523.

Les *aphorismes* d'Hippocrate commencent au verso du même folio, et avaient été finis de transcrire le 18 décembre 1523.

Gabriel de Tarregua dédie cet ouvrage à son très-cher ami et compère *(collandissime compater)* le très-profond interprète des arts et de la médecine, et l'ingénieux conservateur de l'harmonie du corps humain, Antoine Du Puy, afin que le savant docteur complète et corrige cet ouvrage, et le défende contre les envieux.

Antoine Du Puy répond à son très-renommé compère et associé *(compatri ac consocio famatissimo)*, et s'étonne qu'il ait pu, après avoir composé un volume si considérable sur la Théorie et la Pratique de la médecine, préparer encore ce répertoire d'Hippocrate et de Galien, où rien n'est omis.

Le Procureur du Roi, *au Sénat parlementaire* de Bordeaux, Pierre de Boucher, ne se contenta pas d'écrire une lettre à l'auteur, il composa, en son honneur, un distique latin.

N° 5. Plus tard, Gabriel de Tarregua voulut ajouter un supplément à ce volume, qu'il avait cru fini, et il l'intitula : *Figura amplissima rerum naturalium, non naturalium et contra naturam.*

Ce titre, descendu au tiers de la page, sans cadre et sans ornements, est suivi d'un avis de Tarregua au lecteur, pour expliquer comment il a été amené à publier les tableaux qui suivent. Ces tableaux occupent le verso et le recto en regard des deux pages qui se suivent; ils remplissent 30 ff. non chiffrés, et qui sont signés par 4 poinçons typographiques, dont le registre est noté à la dernière ligne du dernier tableau (1).

Ces tableaux ne portent aucune date et aucun nom d'imprimeur; mais ils ont été évidemment imprimés pour faire suite aux ouvrages que Jean Guyart acheva d'imprimer le 19 octobre 1524.

Pour ne pas trop interrompre l'ordre chronologique des ouvrages sortis des presses de Jean Guyart, nous ajournons, pour quelque temps, la suite des autres ouvrages composés par Gabriel de Tarregua.

§ XII. — Mentionnons d'abord une curieuse plaquette qui porte ce titre : Constitutiones reverendissimi in Christo patris et domini domini Johannis de Furo, Dei et sancte sedis apostolice gratia Burdegalensis archiepiscopi in sua sancta synodo in ecclesia metropolitana Burdegalensi de novo edite (2), correcte, revise et emendate, anno Domini millesimo quingentesimo vicesimo quarto. Cum privilegio. Le frontispice est encadré de vignettes et frises en bois, grossièrement gravées et ajustées, et renfermant, en outre du titre ci-dessus, les armoiries gravées sur bois du jeune archevêque (3). Le recto du

---

(1) La Bibliothèque latine de Lacroix Du Maine (t. 6, p. 75), ne cite que cet ouvrage de Gab. de Tarregua, et se contente d'ajouter à son titre ces mots : *Sine ubi et quando.* Rigoley de Juvigny explique ainsi cette addition : « Jocularis locutio, ad epistolas obscurorum virorum releganda, pro nulla neque loci neque temporis nota. »

(2) Il est probable, mais rien ne le constate, que la première édition, faite vers 1502, et dont il est ici question, avait été aussi imprimée par Jean Guyart.

(3) Ces armoiries, assez compliquées ou *très-riches,* comme dit Jérôme Lopès : *l'Église métropolitaine,* p. 279, représentent un écu portant, au premier parti : écartelé; au 1er de Navarre, au 2e de Foix, au 3e de Béarn, au 4e de Nevers, et sur le tout de Bi-

frontispice est tout entier occupé par une gravure sur bois, encadrée de vignettes ou frises, dans laquelle sont représentés : Dieu sur son trône, bénissant la Vierge agenouillée qu'un ange couronne, et sous laquelle est cette inscription remarquable : *Ora pro populo*.

L'ouvrage imprimé en caractères gothiques, orné d'une initiale sur bois et de rubriques en caractères plus gros que ceux du texte, est sans pagination et porte les quatre signatures pour les lettres A. B. C. D. L'imposition du feuillet D. a été mal faite : le folio D. II. précède le folio D. I., et le folio D. IIII. ne porte pas de signature. La feuille E. n'a que deux feuillets. Au recto du dernier feuillet se trouve une épigramme en seize vers latins, dans laquelle Élie André, bordelais, célèbre les mérites des constitutions de Jean de Foix. Le verso de ce dernier feuillet est occupé par la grande marque de Jean Guyart, que le *Manuel du Libraire* a publiée, et au-dessous de laquelle on lit : Impressum Burdigale per Johannem Guyart, calchographum, coram templum dive Columbe, commorantem, anno Domini milvrriiii die vero, xv mensis martii. L'année commençant alors à Pâques, et Pâques

---

gorre; au deuxième parti : écartelé en sautoir; aux 1ᵉʳ et 3ᵉ de Sicile, au 2ᵉ de Castille, au 4ᵉ de Léon. Lopès, auquel nous renvoyons les curieux, a blasonné les émaux de ces différentes partitions.

Jean de Foix, fils de Jean de Foix, captal de Buch, et de Catherine de Foix, était frère de la reine de Hongrie; il avait été nommé archevêque de Bordeaux à l'âge de 18 ans, en 1501. Ses constitutions ont été publiées en 1502, ainsi que le constate la première rubrique : « Celebrata die martis post officium misse *misericordia*, anno Domini millesimo quingentesimo secundo. » Il mourut le 25 juin 1529, et fut enterré à Langon, dans l'église des Carmes.

de 1524 étant le 27 mars, il en résulte que ce 15 mars appartenait à l'année 1525. La Bibliothèque de la ville de Bordeaux, T. 30327.5, possède l'exemplaire que je viens de décrire.

§ XIII. — Quoique plusieurs années se soient écoulées entre les dates des divers ouvrages imprimés par Jean Guyart, qui nous sont connus, il est bien certain que, pendant ces longs intervalles, l'imprimeur et ses presses ne restèrent pas oisifs, et que, si nous ne connaissons pas les ouvrages qu'ils ont produits, cela ne prouve pas que ces ouvrages n'ont pas existé.

Nous avons déjà dit comment, le 18 juillet 1526, honnête femme Gillette Moline, veuve de Gaspard Philippe et femme de Jean Guyart, avait fait son testament. Elle laissait cinq enfants de ses deux mariages; et, très-probablement, elle mourut bientôt après avoir fait ce testament. Quoi qu'il en soit, le 2 avril 1526 (ancien style), un autre acte, conservé par les minutes du même notaire, nous fait connaître un traité que Jean Guyart passa avec un maître menuisier, pour se faire fabriquer une nouvelle presse. Nous l'insérons textuellement :

2 avril 1526.

[Sachent tous] que [par devant moy notaire soubzsigné a esté] personnellement estably Arnault de Vignac, maistre menuisier, demeurant rue Bocquière, paroisse St Michel de Bourdeaux [lequel] a promis et promet, doit et sera tenu et obligé par ses presentes faire les boys d'une presse pour imprimer (1) à Jehan Guyart, maistre emprymeur de Bourdeaux, bien juste

(1) Les mots *pour imprimer* sont répétés deux fois dans le texte.

et bien forte, et les coustés qui tiennent les somyers soit expoix de cinq doix ou environ; et le somyer qui tient la presse soit bon et fort, de l'espoiseur de dix doix; le tout bien faict et de bon boix de noyer, secq, comme il apartient.

Plus, et touchant la ferure, le dit maistre menuisier sera tenu la venir ayder a pouser; lequel ouvrage il rendra faict dedans le dixiesme jour du mois de may prochain venant, sans aucun contredict.

Pour lequel ouvrage faire le dit maistre sera tenu payer au dit maistre menuisier la somme de sept francs bourdelois, sur quoy luy a avanssé la somme de cinquante sols tournois, et le reste du lui baillera et poyera en faisant le dit ouvrage, et lui fera fin de paye, quant tout sera faict, sans aucun contredict. Et pour ce faire oblige [sa personne et biens] ce promettant rendre et tenir.

Presents : François Pillon, maistre chaussetier de Bourdeaux et messire Pierre Boyer, prebtre, dit Poupet, resident en l'église Ste Colombe de Bourdeaux, tesmoings. *(Archives départementales :* E, *minutes de Brunet,* 67.4.)

§ XIV. — Un an plus tard, en 1528, nous trouvons encore un autre ouvrage imprimé par Jean Guyart, ouvrage dont l'existence était constatée depuis près d'un siècle, et connu de tous ceux qui s'occupaient de l'histoire et de la jurisprudence de nos contrées (1), quoique le *Manuel du Libraire* ait continué, jusqu'en 1842, de signaler *Les Gestes des Solliciteurs,* impri-

---

(1) Voyez MM. de Lamothe : *Coutumes du ressort du Parlement de Bordeaux... Bordeaux,* 1768, *Labottière,* in-8, t. 1, p. xxxvIII.

més en 1529, comme le premier et le seul ouvrage imprimé à Bordeaux par Jean Guyart.

La révision des différentes coutumes locales de la Guyenne, commencée sous Louis XII par le premier président de Lamarthonie, et interrompue par la mort de ce magistrat, avait été reprise sous François Ier, et confiée au nouveau premier président François de Belcier. Le travail principal, quant à la coutume particulière de Bordeaux, paraît avoir été achevé et promulgué le 23 juillet 1521; néanmoins, comme le travail relatif aux autres coutumes du ressort du Parlement de Bordeaux n'était pas encore achevé, et que, même pour quelques articles de la coutume de Bordeaux, différents points n'avaient pas été complétement décidés, personne n'avait encore songé, depuis six ans, à faire connaître par l'impression le texte des coutumes réformées. Enfin, à la suite d'un arrêt, qui, le 18 mai 1527, avait tranché un point important relatif à l'article 101 de la nouvelle coutume, Jean Guyart, qui était probablement imprimeur du Parlement, sollicita ou reçut du Parlement l'ordre ou le privilége de faire imprimer le texte des nouvelles coutumes de Bordeaux, pays Bordelais et des Landes. Le privilége accordé pour trois ans était daté du 4 sept. 1527.

Par une cause quelconque, l'impression confiée à l'imprimeur du Parlement marcha lentement, et, dans l'intervalle, Jean de Pontac, greffier civil et criminel, qui avait compris les bénéfices que pouvaient rapporter le débit de cet ouvrage, s'adressa directement au Roi, et en obtint, le 28 février 1527 et 1528, selon notre manière de compter, le privilége de faire imprimer, à ses frais et mises, les coutumes de Guyenne nouvellement réformées, et qui n'ont jamais été imprimées; mais, ajoute le privilége royal, comme Jean de Pontac redoute qu'aussitôt qu'il les aura faites imprimer *aucuns libraires ou imprimeurs les voulsissent aussi faire imprimer et débiter à leurs profits particuliers,* le Roi, attendu que lesdites coutumes sont pour le bien, profit et utilité de la chose publique, lui donne le privilége de les publier et faire vendre à son profit, *à juste prix, pour recouvrer ses frais et mises,* pendant quatre ans.

En conséquence, l'impression faite à Paris pour Jean de Pontac par Jean Gerlier, et commencée après le 1ᵉʳ mars 1528, fut apportée à Bordeaux avant le 1ᵉʳ juin 1528.

Jean Guyart ne se laissa point effrayer par ce privilége revêtu de l'autorité royale, aussitôt il porta plainte à son protecteur naturel le Parlement, et, le 6 juin 1528, il en obtint un arrêt qui défendit à M. de Pontac de faire vendre, de quelque manière que ce soit, les coutumes qu'il avait fait imprimer à Paris, sous peine de 1000 liv. d'amende; *mais sans despens, et pour cause* (1).

(1) Les exemplaires des *Coutumes de Bordeaux,* imprimées à Paris en 1528 par Durand Gerlier, n'ayant pu être mis en vente, sont naturellement devenus très-rares. Cependant, cette édition n'a pas obtenu l'honneur d'être mentionnée dans le *Manuel du Libraire.* Quant à moi, je ne connais que l'exemplaire conservé dans la réserve de la Bibliothèque publique de Bordeaux. Il paraît même que les MM. de Lamothe, qui parlent de ce volume dans leurs commentaires *(Coutumes du ressort... p.* xxxviii, *note* 37), n'avaient pas pu conférer le texte de cette édition avec celui qu'avait imprimé J. Guyart. C'est un volume in-8 imprimé en lettres de forme, intitulé : *Les Coustumes géneralles de la ville de Bourdeaulx, seneschaucée de Guienne et pays Bourdeloys.*

Le texte, commencé depuis si long-temps par Jean Guyart, fut enfin achevé d'imprimer le 3 juillet 1528. Le frontispice porte ce titre en rouge et noir : Les coustumes generalles de la ville de Bourdeaulx, seneschaucee de Guyenne et pays Bourdeloys : lesquelles ont este approuvees et establies, confermees et, par edict perpetuel, auctorisees par la court de parlement, et imprimees audict Bourdeaulx par Jehan Guyart, libraire de l'universite, demourant en ladicte ville, devant Saincte-Colombe, mdxxviii. — Cum privilegio.

Puis viennent les armoiries de la ville de Bordeaux, gravées sur bois, que nous donnons ci-dessous, et qui sont encadrées par diverses vignettes grossièrement ajustées.

Au-dessous de cette gravure, on lit : Ilz se vendent à Bourdeaulx en la boutique de Jehan Guyart, libraire, demeurant devant l'eglise de Saincte-Colombe.

Le volume, format petit in-4°, en lettres de formes, contient 20 ff. chiffrés portant les signatures A-E iiii, précédés de deux feuillets où sont imprimés : le titre, le privilége, un arrêt du Parlement contre le greffier du Parlement, J. de Pontac, et la table des matières.

Cette édition est ornée, en sus du frontispice : par de grandes initiales en bois; par une grande vignette qui occupe tout le verso du ff. 4, et dont le centre représente les armes de France entourées du collier de l'ordre de Saint-Michel (1); et enfin, au verso du dernier feuillet, par une des marques de Jean Guyart,

(1) Au-dessous de ces armoiries est une inscription manuscrite, en partie bâtonnée, et ainsi conçue : *Pierre Lagarde, natif de Bordeaux, fils à feus Jehan de Lagarde.*

représentant une niche, style renaissance, dans laquelle une femme, en costume du temps, soutient un cartouche qui cache tout le bas du corps, et sur lequel sont représentés un I et un G liés par un cordon entrelacé.

Au-dessous est écrit, sur une banderolle flottante : *Jehan Guyart*, ainsi qu'on peut le voir dans la gravure que nous venons de reproduire.

Jusqu'ici, on n'a signalé qu'un seul exemplaire de ce volume : c'est celui que possède la Bibliothèque de Bordeaux (J., 2647 ou 29680); il est imprimé sur *vélin-veau*. C'est probablement le même exemplaire dont MM. de Lamothe avaient signalé l'existence dans la bibliothèque de M. de Labat de Savignac, il y a un siècle, en 1768 *(Coutumes... t.* 1, *p.* xxxviii, *note* 37). Depuis, il avait passé dans la Bibliothèque de l'ancienne Académie de Bordeaux. Une misérable reliure moderne en a impitoyablement rogné les marges chargées de très-nombreuses notes d'une écriture du xvie siècle.

Malgré la rareté exceptionnelle de ce volume et sa notoriété séculaire, cet exemplaire n'avait été signalé ni par les premières éditions du *Manuel du Libraire*, de M. J. Ch. Brunet, ni par le Catalogue des livres, imprimés sur vélin, de M. Van-Praët (1).

---

(1) Cette édition des *Coutumes* n'est pas le seul livre, imprimé sur vélin, possédé par la Bibliothèque publique de Bordeaux, et dont aucun bibliographe n'a signalé l'existence. Je puis indiquer les volumes suivants :

T. 11561. — *Heures à l'usaige de Rome....* achevées d'imprimer à Paris, le 28 août 1498, par *Philippe Pigouchet*. M. J. Ch. Brunet *(Manuel du Libraire, t.* v, *col.* 1572), n'en parle pas; cependant M. Van-Praët *(Catalogue... t.* ix, *p.* 115, *n°* 204 *bis)*, avait signalé, sans le décrire, un exemplaire de cette édition qui figurait dans le catalogue de M. Maret de Marmoy *(p.* 6, *n°* 31).

§ XV. — Nous arrivons enfin au livre qui, jusqu'en 1842, passa généralement pour le premier livre imprimé en Guyenne, et le premier imprimé par Jean Guyart :

> Les Gestes des Solliciteurs,
> Où les lisans pourront cognoistre
> Qu'est ce solliciteur estre
> Et qui sont leurs reformateurs.

C'est un petit in-4°, gothique, de 10 ff. à longues lignes.

La richesse de la reliure et des gravures miniaturées qui ornent notre exemplaire, méritait une description spéciale; la description donnée par M. J. B. Gergerès. *(Histoire de la Bibliothèque de Bordeaux, p.* 179), peut y suppléer.

T. 11562. — *Heures à l'usaige de Rome.... Paris, Gillet Hardouyn,* sans date, almanach de 1514 à 1529. M. Van-Praët n'avait pas connu cette édition. M. J. Ch. Brunet *(Manuel...., t.* v, *col.* 1636, *n°* 244) en donne une description incomplète, et ajoute qu'un exemplaire de la vente Libri a été payé 155 fr. 25 cent. M. J. B. Gergerès n'a point décrit notre exemplaire, dont le premier feuillet de garde est orné d'un écusson miniaturé portant : *De gueules à six faces d'or, à la bande de gueules chargées de trois croisettes recroisettées du second et à la bordure engreslée d'argent.* Au-dessous de ces armoiries, on lit une signature : *J. de Crappier.* Sur le dernier feuillet de garde, on trouve cette autre inscription : *De Malgeneste suys,* 1584; et, un plus bas : *Ses presentes heures ont esté données par Monsieur de Crappier à damoyselle Marye de Conty, damoyselle de Malgeneste, par testament.* Les plats de la reliure ont été gauffrés : d'abeilles, de fleurs de lys et de figures grotesques.

T. 31647 A. — *Heures à l'usaige de Roume... le 14 août* 1500, *par Anthoine Verard.* Le mot *Roume* a été écrit à la plume. M. Van-Praët n'a pas connu cette édition; mais M. J. Ch. Brunet *(Manuel...., t.* v, *col.* 1607, *n°* 131), dit que Jos. Molini *(Operette, p.* 119), possédait un exemplaire de cette édition, imprimé sur vélin, avec figures miniaturées. Il serait difficile de dire si l'exemplaire que possède la Bibliothèque de Bordeaux (il n'est pas inscrit

Au second feuillet, on lit : 𝔏𝔢𝔰 𝔊𝔢𝔰𝔱𝔢𝔰 𝔡𝔢𝔰 𝔖𝔬𝔩𝔩𝔦𝔠𝔦𝔱𝔢𝔲𝔯𝔰 composés par maistre Eustorg, de Beaulieu, prestre. Le volume est terminé par ces mots :

Imprimé à Bourdeaulx, le vingt et troisième jour de aoust l'an mille cinq cens xxix, par Jehan Guyart, imprimeur, demeurant audit Bourdeaulx, devant l'esglise Saincte-Coulombe.

Cette plaquette est fort rare, et ne se trouve pas reproduite dans les recueils, plusieurs fois réimprimés, des opuscules, la plupart très-licencieux, composés par un ecclésiastique du nom d'Eustorg ou Hector, né à Beaulieu, dans le Bas-Limousin.

M. Léonce de Lamothe (*Compte-rendu de la Commission des Monuments historiques,* 1848, p. 30) prétend que Jean Guyart imprima, en 1530, une seconde édition des *Gestes des Solliciteurs,* et il donne même une espèce de description de ce volume. M. J. B. Gergerès (*Histoire de la Bibliothèque de Bordeaux,* p. 62) confirme cette assertion; mais, comme MM. de Lamothe et Gergerès n'indiquent pas où ils ont vu cette édition inconnue à M. J. Ch. Brunet, il est assez probable qu'ils ont été tous deux induits en erreur par un renseignement mal compris.

sur ses catalogues imprimés, quoiqu'il vienne de l'ancienne Bibliothèque du Couvent des Recollets de Bordeaux), est ou n'est pas celui de Molini, car un vandale en a enlevé toutes les miniatures.

T. 31648. — *Heures à l'usaige de Rome.... Paris, Germain Hardouyn,* sans date, calendrier de 1514 à 1527. Cette édition paraît avoir été connue de MM. Van-Praët et Brunet; mais ils ne l'ont pas décrite.

B L. — *Odes d'Anacréon...,* traduction de J. B. Gail, Paris, an VII (1799), in-4°. M. Van-Praët: *Catalogue, t.* 8, p. 38, n° 62, dit qu'il n'y a eu que deux exemplaires, tirés sur vélin, dont l'un était alors dans des mains inconnues. Selon le *Manuel du Libraire,*

§ XVI. — Un nouvel intervalle, semblable à celui qui existe entre la date de la plupart des publications de Jean Guyart, qui nous ont été conservées, sépare encore les *Gestes des Solliciteurs* de l'ouvrage qui porte le titre suivant : Sequntur statuta provincialia provincie Burdegale per reverendissimum in Christo patrem et dominum Charolum de Acromonte, miseratione divina Burdegale archiepiscopum, Aquitanie primatem, impressioni demandata. — De prefati reverendissimi Domini mei mandato.

Le frontispice présente, entre les deux portions de ce titre, l'écusson, sans hachures et grossièrement gravé sur bois, de Charles de Grammont (1), archevêque de Bordeaux. Plusieurs incertitudes régnent sur ce pontificat, parce que Charles de Grammont remplaça le cardinal Gabriel de Grammont, son frère aîné, du vivant même de ce frère. Charles fut nommé archevêque de Bordeaux en 1530, et mourut en 1544.

Cette plaquette, qui figure dans la Bibliothèque de Bordeaux sous le n° 30,327, est composée de deux demi-feuilles en caractères gothiques, dont la seconde seule porte une signature : B. Elle est ornée d'initiales gravées sur bois, et se termine par une des marques de Jean Guyart, représentant, dans une couronne de laurier, le buste d'une jeune femme coiffée d'une toque

---

cet exemplaire avait figuré dans la vente de la bibliothèque de M. Quatremère, et n'avait pas trouvé d'acquéreur à 150 fr. Plus tard, enrichi d'une reliure de Bozerian en maroquin rouge, il est arrivé dans les mains d'un bouquiniste de Bordeaux, qui le céda, il y a environ quinze ans, à la Bibliothèque de Bordeaux, pour 30 fr.

(1) Écartelé : aux 1er et 3e d'or, au lion d'azur, qui est de Grammont, et, aux 2e et 4e d'argent, au chef danché d'azur, qui est de Mucidan.

à plume et d'une résille (1), au-dessous de laquelle est écrit : 𝕮𝖗𝖚𝖉𝖊𝖇𝖆𝖙 𝖘𝖚𝖎𝖘 𝖙𝖞𝖕𝖎𝖘 𝕴𝖔𝖍𝖆𝖓𝖓𝖎𝖘 𝕲𝖚𝖞𝖆𝖗𝖙, 𝕭𝖚𝖗𝖉𝖊𝖌𝖆𝖑𝖊𝖓𝖘𝖎𝖘 𝖒𝖉𝖝𝖝𝖛𝖎𝖎.

(1) M. J. B. Gergerès, *Histoire et description de la bibliothèque*, p. 62, croit y reconnaître le portrait de la femme de François Ier, Éléonore d'Autriche; pourquoi ne verrait-on pas plutôt le portrait de la sœur du Roi, Marguerite, reine de Navarre, la Marguerite des Marguerites, si déjà J. Guyart n'avait aussi choisi pour marque un autre buste de femme soutenant l'écusson où sont représentés les initiales du nom de cet imprimeur, et qui, s'il fallait chercher un motif galant pour le choix de cette marque, pourrait être un hommage à la veuve de Gaspard Philippe, dont la fortune avait probablement fait celle de Jean Guyart, ou même le portrait d'une autre femme, dont l'imprimeur, devenu veuf, se serait épris. Mais pourquoi se perdre dans des conjectures plus ou moins improbables, lorsqu'il est à peu près certain, d'après les mœurs et les idées de cette époque, que cette jeune femme, comme celle figurée ci-dessus, p. 42, ne représente que la personnification de la Science, habillée à la mode du temps.

Ces statuts avaient été rédigés, quatre ans auparavant, par Jean de Foix, alors archevêque, le 17 mars ou mai (le mot mal composé porte : *matii*); ils avaient été promulgués le 23 juillet 1527.

§ XVII. — L'année suivante, Gabriel de Tarregua confia à J. Guyart l'impression d'un autre de ses ouvrages, auquel nous donnons le n° VI ; il est intitulé :

Commentaria Gabrielis de Tarragua, Burdegalensis, medici regentis et ordinarii, super capitulum de regimine ejus quod comeditur et bibitur, sen primi canonis principis Avicenne, in quo plurima que ad sanitatis conservationem pertinent, compendiose tractatur, ad auratum militem dominum Franciscum de Belcier, in suprema Burdegale primum presidem meritissimum.

Ce titre est encadré de vignettes rapportées ; et au-dessous du titre, à la place du nom du libraire, une gravure, dans laquelle est représenté un docteur debout dans son cabinet, suivi de son fils ou de son élève, surmonté du soleil, de la lune et des étoiles, et accompagné, à gauche, d'une banderolle, partant de bas en haut, et sur laquelle on lit : Astrologia medicine pars non minima. Cette gravure n'est pas une des marques de l'imprimeur ; mais est-ce le portrait de Tarregua ?

Le volume, in-folio à deux colonnes, est composé de 43 feuillets, dont 37 seulement sont chiffrés ; il se termine par cette inscription : Et sic imponitur finis huic expositioni, xxi may anno m. cccc. xxxiii. ad laudem Dei omnipotentis et utilitatem legentium.

Au-dessous de cette inscription, l'auteur a fait placer une seconde fois la gravure qui le représente debout dans son cabinet, et, comme il restait encore un feuillet complètement blanc, l'imprimeur s'est servi du verso pour y mettre le même encadrement de vignettes qui décore le frontispice. Il a placé dans le milieu une de ses marques; celle qui présente, dans une niche, une femme soutenant un cartouche, sur lequel sont entrelacés les initiales I et G, et au-dessus une banderolle portant : IEHAN GUYART. Voyez ci-dessus, p. 42.

En dehors et au-dessous de cette marque, on lit :
Excudebat suis typis Johannes Guyart. Burde. m. d. xxxiiii.

Ce volume se trouve ainsi préservé, dessus et dessous, par deux feuillets imprimés, comme les couvertures dont nous nous servons aujourd'hui ; mais, avec cette différence, qu'au lieu d'être indépendantes, ces couvertures supérieures et inférieures sont jointes à la première et à la dernière feuille de l'impression.

Au verso du frontispice se trouve la dédicace de l'auteur au premier président, François de Belcier :
Francisco à Belcerio, Burdegalensis senatus archipresidi meritissimo ac equiti generoso, Gabriel de Tarragua. C'était pour faire plaisir à François de Belcier que l'auteur avait entrepris l'ouvrage en tête duquel il plaça un nom auquel il était bien affectionné, puisqu'il terminait sa dédicace en disant : Vale, anime dimidium.

Les matières traitées par Tarregua, sur les instances du premier président, ne sont pas rangées, comme dans presque tous les autres ouvrages du docteur bordelais, par ordre alphabétique; mais une table, placée au commencement du volume, facilite les recherches. Tarregua y examine successivement toutes les parties de l'hygiène qui peuvent influer sur les fonctions de l'estomac : les bains, le travail, les plaisirs charnels, etc.

L'exemplaire, probablement unique, qui m'a servi pour cette description, est vraisemblablement celui-là même qui fut offert par l'auteur au premier président de Belcier; car, dans le haut du premier feuillet de garde, une main, qui paraît être celle de Tarregua, a écrit : *pour Monseigneur*. Plus tard, mais encore au xvie siècle, ce volume passa dans les mains d'un des membres de la famille d'Alesme, dont la signature se trouve au-dessous du frontispice.

Au commencement de notre siècle, ce volume appartint à M. P. V. A. Laboubée, avocat et juge suppléant au Tribunal de première instance de Bordeaux, qui fit imprimer, exprès, pour être joint à son exemplaire, un placard constatant que cet exemplaire était le seul connu dans Bordeaux, et donner quelques renseignements sur Jean Guyart; enfin, M. l'abbé Morel, vicaire général de Mgr d'Aviau, le donna au propriétaire actuel, M. le docteur Eugène Bermond, qui a eu l'obligeance de me le confier.

§ XVIII. — En 1536, Gabriel de Tarregua refondit le grand dictionnaire dont nous avons parlé (page 29), et qui porte le n° 1 dans notre liste de ses ouvrages. Ce dictionnaire, d'après les termes du privilége accordé par François Ier, était composé longtemps avant 1520, et il y avait alors seize ans qu'il avait été publié, lorsque Tarregua le remania et en confia l'impression à Jean Guyart. Sous cette nouvelle forme, c'est le n° vii des œuvres que nous connaissons de Gabriel de Tarregua. Il porte le titre suivant : Repertorium sive compendium medicinalis sciencie, theorice et pratice, ex dictis antiquorum fideliter extractum; una cum tabula alphabetica totius operis Gabrielis de Tarragua, burdegalensis medici regentis et ordinarii, secundo recognitum et per eundem ampliatum ad utilitatem legentium.

Ce titre est encadré des mêmes vignettes que l'ouvrage précédemment décrit n° vi, et porte la même gravure sur bois; mais cette fois la gravure a été encadrée de pièces rapportées. L'ouvrage contient 90 ff., tous chiffrés, et, comme le nombre des cahiers était complet, l'imprimeur a placé à la fin cette inscription : Impressum Burdegale per Johannem Guyart, calcographum, prope Sanctam-Colombam commorantem, et finitum v. die septembris anno Domini millesimo quingentesimo tricesimo sexto.

Cette seconde édition est également classée par ordre alphabétique ; elle commence aussi par : *Aborsus*, et finit par : *Zucarum*.

L'exemplaire que nous décrivons a été relié avec un exemplaire de l'ouvrage précédent ; il porte, à la même place, la signature du même membre de la famille d'Alesme, et, en outre, au milieu du frontispice, on y lit cette inscription, qui peut bien être de la main de François de Belcier : *Hoc liber nos donavit author, Burdegale, anno 1536 sexto calendarum octobris.* (26 septembre 1536.)

Ce répertoire est le dernier des ouvrages de Tarregua qui soit parvenu jusqu'à nous.

§ XIX. — Les ouvrages publiés par Gabriel de Tarregua ont une telle importance pour l'histoire bibliographique et scientifique de nos contrées, qu'on ne sera peut-être pas fâché de trouver ici quelques renseignements inédits sur la biographie et la famille de cet illustre et savant médecin bordelais (1).

(1) Voyez, d'ailleurs, sur Tarregua : soit une notice publiée par le docteur Caillau, en 1820, dans l'*Almanach de la Société royale de Médecine de Bordeaux...*, p. 29, soit les *Recherches biographiques et bibliographiques sur Gabriel de Tarregua*, que j'ai publiées, en 1848, dans les *Actes de l'Académie de Bordeaux*.

Gabriel de Tarregua, dont le nom se trouve écrit : Taraga, Tarraga, Taregua et Terrague (1), était né en Espagne, en Portugal ou à Bordeaux. En 1523, il exerçait la médecine dans cette dernière ville depuis vingt-six ans; et comme il nous apprend lui-même qu'il avait à cette époque cinquante-trois ans, il est certain que notre savant docteur était né en 1468, et qu'il avait commencé à exercer son art à Bordeaux en 1494. Gabriel de Tarregua n'avait donc pratiqué la médecine dans Bordeaux que deux ans, et n'était âgé que de vingt-huit ans, lorsque les nouveaux règlements faits, le 12 avril 1496, par l'Université de cette ville, firent mention de lui en ces termes : *Quarto, egregius dominus doctor magister Gabriël Tarraga, regens in saluberrima medicinæ facultate, leget in scholis suis* (2).

Pendant une très-longue carrière, Gabriel de Tarregua eut souvent recours au ministère de maître Brunet, notaire et tabellion royal en Guyenne, dont les nombreuses minutes conservées aux Archives départementales révèlent une multitude de circonstances de la vie publique et privée de l'éminent professeur de l'Université de Bordeaux. Ces minutes nous ont appris les faits suivants :

Gabriel de Tarregua avait épousé, en 1495 ou 1496, peu après avoir été reçu docteur, et âgé de vingt-sept ou vingt-huit ans, Marguerite Sabrian, avec laquelle

---

(1) Il a existé à Bordeaux une famille parlementaire appelée *Tarangue* et *Tarrengue*, mais il est peu probable que Gabriel de Tarregua lui appartînt.

(2) *Statuta Universitatis Burdegalæ*..... *Bordeaux*, 1694. *Mathieu Chappuis*, in-4º, p. 45.

il vécut une trentaine d'années, et qui mourut en 1523 ou 1524, lui laissant au moins cinq enfants, trois garçons et deux filles :

1º Jean de Tarregua, l'aîné, auteur de l'épître qui orne la première édition des ouvrages de son père. Pour faciliter le mariage de ce fils aîné, Gabriel de Tarregua lui assura, par acte du 27 juin 1530, le quart de tous ses biens; néanmoins, Jean de Tarregua ne se maria que deux ans plus tard, le 10 février 1532; il épousa Françoise Henry, fille d'un marchand de Bordeaux, qui eut en dot la somme de 2,000 livres. Plus tard, en 1544, Jean de Tarregua fut jurat de Bordeaux; il vivait encore en 1550 (1).

2º et 3º Jean-François et Nicolas de Tarregua, qui ne nous sont connus que par le testament de leur grand'mère, Florentine N***, épouse de N*** Sabrian, qui, ayant survécu à sa fille Marguerite Sabrian, première femme de Gabriel de Tarregua, fit son testament

---

(1) Je dois à l'obligeance de M. Émile Brives-Cazes la communication de l'acte suivant, qui se trouve aux Archives départementales B. 22, et qui constate que le fils aîné de Gabriel de Tarregua vivait encore le 4 janvier 1549 (ancien style) :

« Veue par les commissaires, ordonnés par le Roy, pour la jus-
» tice souveraine, durant la suscéance du parlement de Bourdeaux,
» la requeste à eulx présentée par Mᵉ Jean de Terrague, docteur
» en médecine, aulx fins que commandement soyt faict aulx soul-
» datz, qui ceste nuict se sont logez en sa maison vuider d'icelle,
» attendu son exemption;

Veues aussy les informations faictes sur la forme dudict logiz;

Dict a esté que lesdicts commissaires ont ordonné et ordonnent que, sur la dicte requeste et informations, le dict de Terrague se retirera devers le conte de Lude, lieutenant général du Roy, en l'absence du Roy de Navarre, pour par luy estre pourveu comme le verra estre affaire. »

le 22 septembre 1531, demanda à être ensevelie dans l'église de l'Observance, à côté de sa fille Marguerite, et choisit pour héritiers deux de ses petits-fils, Jean-François et Nicolas de Tarregua. Un de leurs descendants, Jean Terrague, était huissier de la Chambre de l'Édit de Nérac, le 31 décembre 1605.

4° Florentine Tarregua. Elle contracta mariage, le 17 décembre 1530, avec Jean Gaignard, bourgeois et marchand de Bordeaux, et reçut en dot 600 livres tournois.

5° Jeanne Tarregua. Elle contracta mariage presque le même jour que sa sœur, le 18 décembre 1530, avec maître Lubert de Bordes, et reçut aussi 600 livres de dot.

§ XX. — Gabriel de Tarregua devenu veuf, chargé d'enfants encore jeunes et d'affaires très-considérables, ne resta pas longtemps sans se remarier, quoiqu'il eût près de soixante ans. Il rencontra une jeune personne, noble et sans fortune, mais qui s'entendait admirablement à aider, dans ses nombreuses affaires commerciales, le savant professeur de médecine.

Cette seconde femme de Gabriel de Tarregua était Louise de Blaignan, fille de noble homme Mondot de Blaignan, qui lui-même était fils de Jean de Blaignan et de Jeanne de Chiques. Il paraît que Gabriel de Tarregua n'eut pas d'enfants de sa seconde femme, et que son beau-père fut obligé d'avoir souvent recours à la bourse de son gendre. Dès le 17 septembre 1529, Gabriel de Tarregua prêtait à son beau-père 652 livres pour servir de dot à ses belles-sœurs, Odette et Jeanne de Blaignan.

§ XXI. — Gabriel de Tarregua, qui logeait rue

Bouquière quand il se remaria, joignait, aux occupations que lui donnaient la pratique de la médecine, de l'astrologie, du professorat et de la composition de ses nombreux ouvrages, un commerce très-étendu, et brassait beaucoup d'autres affaires, comme on dit aujourd'hui. Sa jeune et noble femme l'aidait activement dans ses opérations commerciales, et, dès le 27 octobre 1526, nous la trouvons achetant au nom de son mari, à un marchand de Toulouse, Jean Garroche, 200 charges de pastel, de six cabasses, la charge de l'aloi de 24 florins, montant et descendant un quart d'écu par florin. Jean Garroche devait payer la sacquerie, les cordages, etc.; mais le voyage se faisait, de Toulouse à Bordeaux, aux risques de l'acquéreur.

Les principales opérations commerciales de Gabriel de Tarregua se faisaient sur le pastel; mais ces opérations, que nous pouvons presque traiter de gigantesques, ne lui faisaient pas négliger des affaires plus petites, et, le 6 février 1532, Louise de Blaignan vendait, par acte devant notaire, à Guillaume Rogey, monnayeur, un cheval, robe blanche, pour la somme de dix livres.

Gabriel de Tarregua achetait le pastel en gros à Toulouse, et le revendait aux marchands bordelais en gros ou en détail, en se contentant d'un bénéfice relativement assez faible; ainsi, le 5 mai 1533, ayant acheté à Toulouse 391 balles de pastel, rendues à Bordeaux aux risques du vendeur, comme ces balles se perdirent en route, Gabriel de Tarregua, qui avait revendu ce pastel à sire Jean Joly, se contenta d'exiger du vendeur, sans doute comme indemnité du bénéfice dont il avait été privé, la somme de 200 livres. Cette somme, minime si l'on considère le prix et la quantité du pastel perdu, est énorme si l'on considère la valeur qu'avait l'argent à cette époque, et si l'on songe que Gabriel de Tarregua ne donnait, en dot à ses filles, que 600 livres, c'est-à-dire le bénéfice de trois opérations sur le pastel : les sœurs de mademoiselle de Tarregua, Odette et Jeanne de Blaignan, n'avaient eu en dot que 326 livres chacune.

Les minutes du notaire Brunet mentionnent un assez grand nombre d'autres opérations commerciales faites sur le pastel par Gabriel de Tarregua et mademoiselle sa femme. Ainsi, le 15 avril 1528, Gabriel de Tarregua obligea James Moulinier, facteur de Jean Garroche, marchand de Toulouse, de fournir caution pour pouvoir toucher le montant du pastel vendu par son patron. Le 9 juin 1528, Jean Joly, marchand, reconnut devoir à Louise de Blaignan 2,358 livres, prix de 393 ballettes de pastel, de quatre cabasses de Toulouse l'une, de l'aloi de 24 florins, garanties par Jean Garroche, marchand de Toulouse. Le 7 octobre de la même année, Gabriel de Tarregua vendit 200 balles de pastel à l'honorable homme Jean Dutroguet, seigneur du Pic, bourgeois et marchand de Bordeaux. Le 3 août 1529, Gabriel de Tarregua et sire Jean Joly, qui, le 23 avril 1533, fut chargé de la procuration de Gabriel de Tarregua, vendirent à Jean Baylif, maître teinturier, deux ballettes de pastel, pour 20 florins. Le 29 avril 1531, Gabriel de Tarregua acheta 300 balles de pastel à Guillaume Berry, de Toulouse, etc.

L'exercice de la médecine et de l'astrologie durent procurer de très-nombreuses relations à Gabriel de Tarregua, et probablement l'étendue de ces relations sociales ou scientifiques ne nuisit pas au développement des affaires commerciales. La description des ouvrages publiés par le savant médecin nous a fait connaître ses relations avec le procureur du Roi, M. de Boucher; avec le premier président du Parlement, M. de Belcier; avec le maire de Bordeaux; M. d'Estissac; avec les familles de Dupuy, de Bacquey, de Pommiers, etc.; les minutes de maître Brunet nous le montrent aussi en relations intimes avec une autre famille très-aristocratique, et dont l'histoire, encore peu connue, intéresse au plus haut point l'histoire de la ville de Bordeaux.

Le 5 mars 1506, Gabriel de Tarregua, qui demeurait alors dans la rue *Bouquière,* servit de témoin à l'acte d'achat d'une maison que faisait noble homme Charles de Bordeaux, seigneur de Livran, à maître Guy Charnaud de Capdeville, procureur au sénéchal de Guyenne. Cet acte n'est pas le seul qui constate la liaison existante entre les Tarregua et les descendants de la plus ancienne et de la plus illustre famille de la vieille noblesse du Bordelais. Vingt-sept ans plus tard nous trouvons que, le 17 juillet 1533, Gabriel de Tarregua achetait à noble Jean de Bordeaux, moyennant la somme de 1,202 francs bordelais, payés comptant, la moitié des agrières que les seigneurs de Livran possédaient dans les *Queyries.*

Le 2 avril 1520, Gabriel de Tarregua acheta les terres que possédait, dans la paroisse de Bouillac, Jeanne de Lafourcade, femme de Jean Miqueu.

Le 23 août 1525, il vendait une vigne qu'il possédait dans les *Graves* de Bordeaux, au *Plantier de Saint-Nicolas.*

Le 26 juin 1526, vénérable et discrète personne, monsieur maître Gabriel de Tarregua, avait reconnu tenir en fief, de messieurs les bénéficiers de l'église de Sainte-Colombe, une maison située dans la ruette de *Rauzan,* et joignant une autre maison qu'il y possédait : une expédition de cet acte fut délivrée, en 1605, à maître Jean Terrague, huissier en la Chambre de l'Édit, séant à Nérac.

Le 2 décembre 1528, Gabriel de Tarregua achetait une vigne dans les *Graves* de Bordeaux, au quartier de *Grateloup.*

Le 13 septembre 1529, il prenait en fief, de l'église de Sainte-Colombe, une maison avec jardin, située à Bordeaux, dans la rue des *Ayres,* à côté de la maison de la Mairie.

Le 12 septembre 1530, il reconnut tenir en fief, de Michel Brunet, prêtre de l'église de Saint-Éloi, une maison située à Bouillac.

Le 3 février 1533, il vendit une maison et un chai, situés à Bordeaux, paroisse Sainte-Eulalie, rue *Bernard-Pucelle.*

Cet acte, du 3 février 1533, est le dernier acte notarié que nous connaissons, dans lequel figure le nom de Gabriel de Tarregua; cependant, ce vénérable médecin et négociant, alors âgé de 79 ans, prolongea sa carrière bien au-delà de ce terme, car il est certain qu'il vivait encore en 1536, au moment où fut achevée la seconde édition de son *Repertorium,* et cette année il avait au moins 82 ans.

On ne connaît ni l'époque précise de la mort de l'illustre et savant vieillard, ni les circonstances qui la déterminèrent; mais, si l'on s'en rapporte aux deux épigrammes latines, ou plutôt aux deux formes de la même épigramme, que le célèbre Antoine de Govea composa à cette occasion, il faut admettre que Tarregua succomba à l'excès de travail causé par cette seconde édition. En effet, Antoine de Govea séjourna à Bordeaux pendant les années 1534 et 1537, et il est probable que c'est au travail pénible occasioné par le remaniement du *Repertorium* que le savant portugais fait allusion, quand il parle de la fatigue volontaire à laquelle s'exposa Gabriel de Tarregua, malgré les larmes de sa femme et les prières de ses enfants.

§ XXII.—Quoi qu'il en soit, voici le texte, assez peu connu aujourd'hui, des épigrammes de Govea, tel qu'il se trouve dans : *A. Goveani opera. Roterodami,* 1766. *H. Beman,* in-f°. *Epigrammatum liber primus,* p. 686, et *Epigrammata repetitæ editionis,* p. 697.

EPIGRAMMA.

54

Viderat, et poterat venientem evadere mortem
    Tarraga : at certo maluit ille mori.
Maluit ille mori, melius quo vivere posset
    In superis. Medicum nil medicina juvat ?

56

Viderat, et poterat venientem evadere mortem
Tarraga : ast ultro sese fert obvius olli.
Quem nati, et lacrymis conjunx compellat obortis,
Quo properas ? medicas quid non præcingeris artes ?
Quo properas ? — Vitam, ille inquit, pro morte pacisci.

§ XXIII. — Revenons à l'examen des travaux typographiques de Jean Guyart, que nous avons interrompu à partir du § XX.

Ces travaux, malheureusement très-peu nombreux, consistent en trois plaquettes, dont deux ne portent pas de date, et qui servent seulement à prouver que l'imprimeur des *Coutumes de Bordeaux* et des œuvres de médecine de Gabriel Tarregua s'occupait aussi d'œuvres exclusivement littéraires.

1° *La complainte de trop tard marié*, par Pierre Gringore, in-8 de 8 ff., en caractères gothiques, imprimée par Jean Guyart, dont la marque, placée sous le titre, a été reproduite par le *Manuel du libraire, t. 2, col.* 1756.

2° *La complainte de trop tost marié*. Cet opuscule, en vers de huit syllabes, par un anonyme, ne contient que 4 ff., imprimés avec les caractères de l'ouvrage précédent; il porte à la fin les armoiries de la ville de Bordeaux. Cet ouvrage, dit le *Manuel du Libraire*, n'a rien de commun avec celui connu sous le même titre, formant un in-4° de 6 ff., à longues lignes, avec une figure en bois sur le frontispice, et qui a été réimprimé sous le titre de : *Complainte du nouveau marié*. L'exemplaire de la *Complainte du trop tost marié*, que possède la Bibliothèque impériale, figurait, dans la vente Rothelin, sous le n° 2225.

3° Le 18 janvier 1527 (n. st.), Jean Guyart obtint un privilége pour l'impression des Coutumes des Landes.

Quoi qu'il en soit du nombre assez restreint des productions typographiques de Jean Guyart, parvenues jusqu'à nous, on peut juger par la quantité, relativement considérable, des œuvres imprimées par lui dans certaines années, du nombre et de l'importance des ouvrages qu'il a dû produire dans une période d'au moins trente années, pendant lesquelles il exerça son art à Bordeaux. Certainement il serait peu logique de conclure des lacunes qui existent dans la nomenclature des œuvres de Jean Guyart, que cet imprimeur n'avait imprimé aucun livre pendant les années dans lesquelles nous n'en trouvons aucune trace; de même il serait déraisonnable de conclure de ce qu'il n'existe aucun livre imprimé à Bordeaux antérieurement à 1520, qu'il n'y a eu aucun imprimeur dans cette ville avant cette époque.

§ XXIV. — Les minutes du notaire Brunet, qui nous ont fourni de si nombreux renseignements sur la biographie de Gabriel de Tarregua, nous ont aussi donné quelques détails intéressants sur la biographie de Jean Guyart.

Nous avons déjà vu que Jean Guyart était établi à Bordeaux avant le 28 mars 1520, puisqu'à cette époque il prenait un apprenti, François Morpain, dont nous aurons bientôt à nous occuper.

Jean Guyart était-il venu à Bordeaux seul ou en compagnie de Gaspard Philippe? L'une ou l'autre de ces suppositions est également admissible, car Jean Guyart était établi, et maître, à Bordeaux, avant la mort de Gaspard Philippe.

Le 2 avril 1526, Jean Guyart avait fait un traité avec un menuisier. (*Voyez p.* 37.)

Le 12 juillet 1526, Gillette Moline, veuve de Gaspard Philippe et femme de Jean Guyart, avait fait son testament et demandé d'être enterrée à côté de son premier mari, dans une chapelle de l'église de Ste-Colombe.

Elle faisait plusieurs legs aux églises de Bordeaux et aux cinq enfants qu'elle avait eus de ses deux maris : Héloise, Etienne, Jean et Genevoise Philippe et Arnaud Guyart. Parmi ses exécuteurs testamentaires figurait un libraire de Bordeaux, nommé Étienne de Toulouse. Il paraît que Gillette Moline vécut longtemps après avoir dicté ce testament, car on lit en marge de la minute du notaire : « *Cancellé a esté le présent testament, du consentement de la testeresse le* xxve *jour de décembre* MV^{c}XXXVI. »

Le 14 mars 1529, sire Jean Guyart, maître imprimeur, fut chargé, par messire Jean de Dieuzaide, prêtre et prieur de l'hôpital de la chapelle du Saint-Esprit à Bordeaux, de recueillir, au nom dudit prieur, les profits et émoluments des aumônes, offrandes et autres revenus dudit hôpital.

Le 18 décembre 1529, Pierre de Certa, âgé de quinze ans, fils de Jean de Certa, libraire d'Agen, entra comme apprenti, pour trois ans et demi, chez sire Jean Guyart, maître imprimeur de Bordeaux. Jean de Certa s'engageait à fournir les vêtements à son fils, excepté les souliers que Jean Guyart serait obligé de lui donner. Parmi les témoins de cet acte figure un libraire de Bordeaux, nommé Hector de Lagrange.

Le 2 mars 1531 (vieux style), Guillaume Ayribert, principal payeur de messire Louis Dumas, prêtre, reconnaît devoir à maître Jean Guyart la somme de quinze francs, pour neuf rames et demie de papier imprimé. Était-ce un livre que messire Louis Dumas avait fait imprimer chez Jean Guyart? rien ne l'indique, et la qualité prise par Guillaume Ayribert nous porte à croire que ces neuf rames et demie de papier avaient été employées à l'impression de quittances, sommations ou autres ouvrages analogues, connus sous le nom de *labeurs*.

Dix ans plus tard, le 16 novembre 1541, il est question de Jean Guyart dans les registres du Parlement de Bordeaux. Cette mention, dont je dois la connaissance, ainsi que celles d'autres extraits des mêmes registres, à l'obligeance de M. Emile Brives-Cazes, prouve qu'à cette date Jean Guyart était toujours imprimeur, quoiqu'il ne subsiste aucune de ses publications pendant cette époque.

Voici le texte du registre original du Parlement :

« Jean Guyart, imprimeur et libraire de Bordeaux, est mandé devant le Parlement pour s'expliquer au sujet de certaines caricatures et images par lui imprimées *(neuf preux de gourmandise)*. Le dit Guyart promet de les lacérer partout le jour; ce qui lui est recommandé, à peine de 500 livres et d'autre amende corporelle. » *(Archives départementales :* Registres du Parlement : 16 *nov.* 1541).

Qui est-ce qui connaît aujourd'hui cette production satirique : *Les neuf preux de gourmandise,* et quel prix les bibliophiles modernes ne la paieraient-ils pas ?

L'année suivante, en 1542, la verve satirique des clients de Jean Guyart attira de nouveau l'attention du Parlement sur les productions de l'imprimerie bordelaise. Un huissier, nommé Mathieu Contat, que le Parlement paraît avoir tenu en haute estime, avait été commis par la Cour pour aller à Libourne procéder à quelques informations, au sujet des troubles causés par la perception de la Gabelle et il y avait été victime de violences assez graves. Les auteurs du tumulte avaient été conduits à Bordeaux et jugés par le Parlement ; mais la mauvaise humeur des amis ou complices des condamnés ne voulut pas avoir le dernier mot, et il parut un libelle intitulé : *La Passion de Contat*. On trouve, dans les registres de la Cour, l'arrêt suivant contre ce libelle :

« La Court avertie aucuns personnaiges avoir faict
» et composé certain libelle fameulx *(diffamatoire)*
» contre Mathieu Contat, huissier en icelle, intitulé :
» *La Passion de Contat*, a faict et faict inhibition et
» deffence à toute maniere de gens, de quelque estat
» et condiction qu'ils soient, de ne lire, chanter, ne
» publier en aucune maniere le dict libelle fameulx
» appellé : *La Passion de Contat*, ne aultre libelle
» fameulx contre icelluy de Contat, et enjoinct à tous
» ceulx qui en ont aulcuns de les rompre incontinent
» et sans delay ; le tout a peine du fouet et autre amande
» arbitraire. » *(Archives départementales, B. 24.)*

Nous ne connaissons pas l'époque précise de la mort de Jean Guyart, mais il est probable qu'il ne survécut pas longtemps aux circonstances que je viens de rapporter ; je tire cette conjecture de l'apparition vers cette époque d'ouvrages portant le nom de son ancien apprenti, François Morpain, dont nous allons nous occuper quand nous aurons fait connaître les œuvres sorties des presses d'un autre contemporain de Jean Guyart, maître Claude Garnier, imprimeur à Bazas. Nous ferons ensuite connaître un Missel, portant, en 1543, le nom d'Étienne de Toulouse, et les autres productions de la typographie bordelaise antérieures à l'arrivée de Simon Millanges.

CLAUDE GARNIER.

§ XXV. — Pour donner de suite la liste complète des renseignements recueillis sur Jean Guyart, il nous a fallu interrompre momentanément l'ordre chronologique ; nous sommes donc obligés de revenir un peu en arrière pour retrouver la trace des premiers imprimeurs établis en Guyenne.

Presque à la même époque où Jean Maurus, Gaspard Philippe et Jean Guyart étaient venus s'établir, soit à La Réole, soit à Bordeaux, un autre imprimeur, également pourvu d'un matériel typographique considérable, s'était établi à Bazas. Il se nommait Claude Garnier ; c'est tout ce que nous savons de lui. Son existence n'est révélée que par la conservation d'un exemplaire de deux de ses productions : il a donc tenu à bien peu que la mémoire de cet imprimeur n'ait été tout-à-fait perdue, comme l'a été celle de ses contemporains ou de ses prédécesseurs ; cela a dépendu de la conservation d'un exemplaire unique des deux ouvrages suivants :

Breviarium ad usum Vasatensem innumeris tersum maculis, nonnulisque sentenciis (que nunquam fuerant) perfectis. Varie preterea addite sunt lectiones cum concordantiis Biblie : Psalmorum *Davidicorum summariis : foliorumque indice. Et ne quid sacrificus expeteret, ut que satiatus in oratione languere non videretur, auctum est hoc opus : officiis divorum Joachim et Joseph ; Visitationis beate Marie ; triumque sororum quas Marias vulgus appel-*

lat; et dedicationis ecclesie : opera et sudore quorumdam litteratorum canonicorum, et mandato reverendi in Christo patris et domini, domini Focaldi de Bonavalle, Vasatensis episcopi, qui gregis dominici salutem sitit maxime (1) et ejus vicarii generalis, necnon consensu capituli ecclesie Vasatensis.

Au-dessous de ce titre imprimé en encre alternativement rouge et noire, comme tout le reste du volume, on remarque, grossièrement représenté, l'écusson des armoiries de l'évêque de Bazas.

On trouve, à la fin de ce volume, une inscription qui complète les renseignements bibliographiques que ne donne pas, malgré sa longueur, le titre de la première page.

Habetis sacerdotes venerandi Breviarium secundum usum alme matris ecclesie cathedralis Beati-Johannis-Baptiste et totius diocesis Vasatensis absolutum : concordantiis Biblie et annotationibus foliorum *decoratum, necnon titulis seu summariis psalmorum Daviticorum (quod nusquam fuerat visum) insignitum, per nonnullos dominos de capitulo revisum, accurateque emendatum; de mandato reverendi patris et domini domini Focaldi, ejusdem sedis episcopi, et consensu dominorum canonicorum et capituli ecclesie Vasatensis. Impressum industria et opera magistri Claudii Garnerii, calchographi, Vasati, anno ab incarnatione Domini millesimo ccccc. xxx. die vero xv. mensis januarii.*

Ce précieux bréviaire, plus complet et plus commode, comme le titre a soin de le dire, que tous les bréviaires imprimés jusqu'alors *(quod nusquam fuerat*

---

(1) Foucaud de Bonneval, ou plutôt de Bonnevallée, passa de l'évêché de Soissons à celui de Bazas, et, à peine en possession de ce dernier évêché, le changea pour celui de Périgueux (voir *Gallia Christiana*). C'était alors l'usage; on se croyait permis de trafiquer d'un évêché comme d'une maison d'habitation ou d'un établissement mercantile. Le siége de Bazas fut, sous ce rapport, un des évêchés les plus malheureux de toute la France.

visum), commence par un almanach, dans lequel chaque mois est accompagné, comme c'était alors l'usage, de vers latins qui s'occupent de beaucoup de choses qu'on ne s'attendait guère à rencontrer dans un bréviaire ; nous nous bornerons à reproduire les vers du mois d'août :

> Quisque in Augusto, vivat sub medicamine justo;
> Raro dormitet; estum, coïtumque vitet.

Disons, en passant, que la fête de saint Fort y est mentionnée au 16 mai.

Ajoutons que chaque partie principale du bréviaire porte des signatures et une pagination différentes, dont le registre se trouve au commencement du psautier; et, enfin, que M. J.-B. Gergerès *(Histoire et description de bibliothèque..., p.* 57), a donné plusieurs renseignements sur la rareté et la valeur de ce volume, qui porte, dans notre bibliothèque, le n° d'ordre 31715, et que le *Manuel du libraire* n'avait pas signalé.

Le second ouvrage de Claude Garnier est intitulé :

Opus quod Baptista Salvatoris nuncupatur a Johanne Dibarola, in suum ordinem et debitam formam redactum saudentibus (sic) dominis canonicis et capitulo insignis ecclesie Vasatensis, cum rubricis ac fideli emendatione, tum marginali allegationem (sic) quotatione et aliorum nuper accessione perfectum.

Impressum Vasati per Claudium Garnier, anno Domini mccccccxx.

Le volume est in-4° et contient iv-43 feuillets.

Les feuillets préliminaires renferment : le titre, rouge et noir, dans une bordure en bois; la dédicace de l'auteur au chapitre de Bazas; un prologue : le texte, en caractères de forme, est suivi d'un feuillet non chiffré, qui contient des vers latins adressés au lecteur.

Un exemplaire sur vélin, cité dans le catalogue de la bibliothèque Letellier (p. 248, col. 2), appartient actuellement à la bibliothèque de Sainte-Geneviève; il a été décrit par M. Van Praët : *Catalogue des livres imprimés sur vélin... Paris*, 1824, *in-8º*, t. 3, p. 23.

FRANÇOIS MORPAIN.

§ XXVI. — Les minutes du notaire royal en Guyenne, maître Brunet, auxquelles nous devons tant de renseignements, nous ont appris que, le 28 mars 1521 (nouveau style), Colas Morpain, de la paroisse de Saint-Vincent d'Ivrac, Entre-deux-Mers, fit un traité avec sire Jean Guyart, maître imprimeur à Bordeaux. Par ce traité, Jean Guyart, moyennant 8 boisseaux de froment, une fois payés, s'engageait à prendre en apprentissage le fils dudit Colas, le jeune François Morpain, et de lui enseigner, pendant trois ans, l'art de l'imprimerie; de le nourrir, coucher, chausser, et de lui donner, en outre, à la fin de son apprentissage, une paire de chausses de la valeur d'un écu d'or.

Que devint le jeune François Morpain quand, à la fin de son apprentissage, le 28 mars 1524, il eut reçu de son maître la superbe paire de chausses de la valeur d'un écu d'or qui lui avait été promise? Resta-t-il encore attaché à l'imprimerie de Jean Guyart, ou se servit-il de ses belles chausses pour aller prendre ailleurs de nouvelles leçons sous de nouveaux maîtres? rien ne le constate; mais ce qui est certain, c'est que l'élève fit honneur à ses maîtres, et que, devenu maître lui-même, son imprimerie ne fut pas inférieure à celle où il avait été élevé. Il est même probable que, comme Jean Guyart avait succédé à Gaspart Philippe, François Morpain succéda à Jean Guyart; il est certain, du moins, qu'il acheta une portion considérable des caractères typographiques de son ancien maître.

Les ouvrages connus pour être sortis de l'imprimerie de François Morpain sont relativement assez nombreux; mais leur nombre n'est cependant pas très-grand, et c'est à peine si nous pouvons en citer cinq.

1º Le plus ancien des ouvrages sorti des presses de François Morpain porte la date de l'année dans laquelle Jean Guyart cessa d'imprimer; c'est le plus ancien livre imprimé à Bordeaux avec des caractères romains; néanmoins, la netteté et la beauté de leur exécution rend excessivement sensible la préférence que ces caractères devaient nécessairement obtenir sur les anciens caractères de forme. Cet ouvrage est intitulé : *Institutiones temporales Verbi divini preconum frena laxantium cum perpetuis de sacrificio audiendo, de Eucharistia sumenda et Ordinibus suscipiendis civitatis et diocesis Burdegalensis, de novo impresse per Franciscum Morpain.*

Ce titre est suivi d'un écusson des armoiries de l'archevêque Charles de Grammont, écusson à peu près semblable à celui qui précède les statuts provinciaux publiés par Jean Guyart en 1532.

Cet opuscule, qui ne contient que 5 pages, est coté dans le catalogue de la Bibliothèque de Bordeaux sous le nº 30327. Il ne porte d'autre date que celle de l'ordonnance de Charles de Grammont, du 14 février 1541, et, par conséquent, l'année commençant alors à Pâques, n'a pu être imprimé qu'en 1542. Le verso de la 5ᵉ page est occupé par un grand monogramme qui peut être celui de l'archevêque ou une marque de l'imprimeur.

2º On trouve ensuite : *Linguæ Vasconum primitiæ per dominum Bernardum Dechepare, rectorem Sancti-Michaëlis-Veteris.* Bordeaux, 1545, François Morpain, in-4º de 28 ff.

Sur le frontispice, au-dessous du titre, est une gravure en bois représentant un crucifix.

Le privilége accordé par le Parlement de Bordeaux, le 30 avril 1545, signé par le greffier de Pontac, devait durer trois ans.

Bernard Dechepare, curé de Saint-Michel-le-Vieux, avait composé les pièces de vers qui forment ce volume tout exprès pour faire imprimer, ce qui n'avait jamais eu lieu jusqu'alors, un ouvrage écrit en langue basque. Le bon curé signale cette circonstance plusieurs fois, en prose et en vers, et célèbre ce fait comme un événement extrêmement remarquable. Bernard Leheté (*Lelo*, en basque), avocat du roi à Bordeaux, s'était chargé des frais d'impression des vers de son ami le curé, et celui-ci, sans doute pour les besoins de la versification ou pour flatter son éditeur, le qualifie de *monseigneur* et de *mon maître*.

On ne connaît qu'un exemplaire du livre qu'imprima, en 1545, François Morpain; c'est celui qui est inscrit dans le catalogue de la Bibliothèque impériale, sous le nº Y, 6194, P. A.

En 1847, M. Gustave Brunet en a fait une réimpression, et son travail est augmenté d'une traduction de la plupart des poésies de Dechepare (1), par M. J.-B. Archu. Cette réimpression a été publiée dans les *Actes de l'Académie des sciences, belles-lettres et arts de Bordeaux*, et il en a été fait un tirage à part sous ce titre : *Poésies basques de Bernard Dechepare, recteur de Saint-Michel-le-Vieux, publiées d'après l'édition de Bordeaux, de* 1545, *et traduites, pour la première fois, en français. Bordeaux,* 1847, *Henri Faye, in-8° de* 82 *pages*. Les éditeurs, sans en prévenir, ont ajouté à cette réimpression la traduction en vers basques, par M. J.-B. Archu, de deux fables de Lafontaine.

En 1857, M. Francisque Michel a donné dans un volume intitulé : *Le Pays Basque,* de la page 440 à la page 445, une longue et curieuse analyse des poésies de Bernard Dechepare.

3° *Les Coustumes generalles de la ville de Bourdeaulx, Seneschaucée de Guyenne, lesquelles ont esté confirmées par edict, autorisées par la court du Parlement, avec privilege. A Bourdeaulx, ches François Morpain, pres les Carmes.*

Au milieu de ce titre, encadré de vignettes rapportées, se trouve une marque du libraire, qui a peut-être besoin d'être un peu expliquée, pour que les lecteurs, peu familiarisés avec les jeux de mots ou rebus de Picardie, puissent comprendre l'esprit ou le sens que l'auteur a voulu donner à celui-ci.

---

(1) Pour me conformer à l'ortographe adoptée par les premiers éditeurs, j'ai écrit le nom du poète basque sans apostrophe; mais je crois que son nom véritable est *Bern. d'Echepare*, et non pas *Bern. Dechepare.*

Dans le cartouche, au bas duquel se trouve le monogramme F. M. *(François Morpain),* un homme nu, dont les jambes commencent à se métamorphoser en pin, laisse échapper d'une de ses mains un livre; cela signifie qu'il était libraire et qu'il est *mort,* puisqu'il est transformé en *pin;* et comme, de l'autre main, il fait approcher de sa bouche une baie ou pomme de pin qu'il veut mordre, il s'ensuit que voulant mordre une pomme de pin, il est encore *mord pin.*

Ces deux affreux rebus ont mal inspiré le graveur dont l'œuvre est presque aussi mauvaise que les jeux de mots qu'elle a voulu représenter, mais heureusement la beauté des caractères romains dont s'est servi l'imprimeur fait vite oublier le mauvais goût du dessin et des jeux de mots qu'il a eu la faiblesse de composer.

L'exemplaire de cet opuscule que possède la Bibliothèque de Bordeaux (n° 29690, A), contient 28 ff. in-4°; il est terminé par cette inscription : « *Cy finissent les coustumes..... et furent achevées d'imprimer le vingt-troisiesme jour d'octobre mil cinq cens cinquante-troys.*

Le dernier feuillet est occupé par une gravure sur bois représentant les armoiries de la ville de Bordeaux, et cette gravure n'est pas la reproduction, mais l'empreinte même du bois dont s'était servi Jean Guyart, en 1520, dans son édition des mêmes coutumes. Ce bois, que nous avons donné pag. 41, nous le reproduisons ici pour éviter au lecteur la peine de refeuilleter ce volume.

4° *Ex mathematico Pselli breviario : arithmetica, musica, geometria; sphera vero ex Procli, græco,*

Elia Vineto, santone, interprete. Burdigalæ, apud Franciscum Morpanium, prope Carmelitas. In-4° de 76 pag.

Ce volume, imprimé en caractères italiques, ne porte pas de date d'impression; néanmoins, le catalogue de la Bibliothèque de Bordeaux et le *Manuel du libraire* lui assignent la date de 1553, quoique l'avertissement écrit par Élie Vinet, daté des ides de janvier 1553, c'est-à-dire du 13 janvier 1554, prouve bien évidemment qu'il n'a pu être imprimé avant cette dernière date.

5° Nous ne connaissons aucun autre livre imprimé par François Morpain entre l'année 1554 et l'année 1563, et, dans cette dernière, apparait un des ouvrages portant le nom de sa veuve.

Ainsi, quoique nous ne connaissions pas l'époque de la mort de François Morpain, nous pouvons affirmer que, comme ses prédécesseurs dans la typographie bordelaise, il ne dut pas parvenir à un âge bien avancé.

Le premier ouvrage sorti des presses de la veuve François Morpain porte ce titre :

Gallia Gemens. De prisca Francorum origine eorumque rebus gestis, à Faramundo usque ad initia regni Caroli ix, semper Augusti, brevis et succinta, inque libros tres digesta descriptio; per Godofridum Malvinum, Burdigalensem; ad observandissimum patrem Carolum Malvinum, in amplissimo Burdigalensium ordine senatorem integerrimun. Burdigalæ, apud viduam Fr. Morpanii 1563. In-4° 38 ff. non chiffrés, imprimé en caractères italiques.

Après la dédicace du jeune Godefroy à Charles de

Malvin, son père, viennent neuf pièces de vers adressées à l'auteur par Maurice *Martius*, Jean *Cruceus*, Pierre *Pascalis*, Étienne *Crusellus*, Charles *Martius*, François *Moncaudi* et Étienne *Gastullus*, saintongeais. Les trois livres du poème contiennent environ 1600 vers. Après le poème se trouve une lettre en prose adressée au père de l'auteur par Geraud *Amalbinus*, et deux pièces de vers par Pierre *Poy* et Vincent *Cardisii*.

M. Léo Drouyn a eu la bonté d'enrichir ma collection d'un petit almanach qui constate qu'en 1567 la veuve de François Morpain dirigeait encore son imprimerie. Voici le titre de cette mince plaquette, qui doit être excessivement rare, sinon unique, et dont le frontispice, comme l'intérieur de l'ouvrage, est imprimé partie en caractères ronds, partie en caractères gothiques, et avec de l'encre alternativement rouge et noire :

Almanach pour l'an m.d.l.r.vii., avec ses amples significations et explications, composé par M. Michel de Nostradame, docteur en *médecine, conseiller et médecin ordinaire du Roy, de Salon de Craux, en Provence.*

Au-dessous de ce titre est représentée une sphère soutenue par un *dextrochère* sortant des nuages, et portant des manchettes; puis, on lit, dans le bas :

A Bourdeaulx chez la vefve de Morpain. Prins sur la copie imprimée à Lyon pour Anthoine Volant et Pierre —

Ce petit volume, de format in-16, porte les signatures A. B. C., mais ne contient que 16 pag.; il était recouvert d'un morceau de parchemin et divisé en deux parties distinctes : l'une plus spécialement astronomique et l'autre presque entièrement prophétique.

La première partie se compose de l'almanach proprement dit, et commence au verso du frontispice. Chaque mois est précédé d'un quatrain en vers semblables à ceux des *centuries*, et contient cinq colonnes : 1° quantièmes, 2° lettres dominicales, 3° noms des saints, 4° noms des planètes qui domineront chaque jour, 5° prophéties particulières pour presque tous les jours : quelques-unes de ces prophéties sont météréologiques; mais le plus grand nombre sont historiques ou politiques, et écrites soit en français, soit en latin. Chaque mois n'occupe pas une page entière et commence immédiatement à la place où le mois précédent s'arrête.

A la suite de ce calendrier, on trouve, sous la rubrique : *Les eages du monde selon la computation des Hebrieux*, les dates des fêtes mobiles et autres, et celles des foires royales de Nyort et de Fontenay, puis les éclipses du soleil et de la lune. L'éclipse de soleil, commençant en *Ariès* comme celle de 1540, présage des calamités semblables à celles qui advinrent à cette époque.

La seconde partie a pour titre : *Les presages merveilleux de M. Micel de Nostradame, conseiller..., etc., pour l'an* 1567. Au-dessous de la figure de la sphère qui s'y trouve comme sur le premier frontispice, on lit : un quatrain prophétique; puis, au verso : un discours de l'auteur *pour responce aux calomniateurs d'astrologie*, daté du 26 août 1566. Viennent ensuite *les presages merveilleux* pour chaque quartier de la lune de chaque mois; et enfin, au dernier verso : les foires royales de Paris, Lyon et Bordeaux.

ÉTIENNE DE TOULOUSE.

§ XXVII.—Il a été question, aux pages 24 et 62, d'un libraire bordelais qui pourrait être issu du premier mariage de Gilette Moline. Nous avons trouvé, dans les minutes du notaire Brunet, le contrat de mariage que ce libraire passa le 18 janvier 1526, ancien style, avec une veuve, désignée par son prénom et le nom d'une ville, Gratienne de Nyort. Parmi les témoins de cet acte, figure un autre maître libraire de Bordeaux, nommé Jean *Guyart* ou *Guirard*, le nom est assez mal écrit pour laisser quelque incertitude; mais il est très-probable que si la première lecture de ce nom est la meilleure, ce Jean Guyard n'est autre que le second mari de la mère d'Étienne de Toulouse. En sorte que, la même année, Étienne de Toulouse aurait été nommé exécuteur testamentaire de la femme de Jean Guyart, et Jean Guyard aurait servi de témoin au mariage d'Étienne de Toulouse.

Quoi qu'il en soit de cette conjecture, il est certain que ce jeune libraire occupa une place importante dans le commerce de la librairie à Bordeaux. En 1543, il était associé avec Louis Rosthelin, et les deux associés faisaient imprimer à leurs frais, et probablement dans l'imprimerie de François Morpain, un Missel in-folio, bien supérieur, comme exécution typographique, à tous les produits de l'imprimerie bordelaise dont nous avons eu à nous occuper. Pourquoi François Morpain, si c'est lui qui a fait ce livre, ne l'a-t-il pas indiqué? Nous ne pouvons le dire; mais il est certain qu'on retrouve dans ce Missel plusieurs lettres initiales, dont Gaspard Philippe et Jean Guyart s'étaient servis pour l'impression des œuvres de Tarregua.

Voici le titre du Missel imprimé pour Étienne de Toulouse et Louis Rosthelin. Je n'en connais d'autre exemplaire que celui que possède la Bibliothèque de la ville, T. 4014 :

Missale insignis ecclesie Burdegalensis peroptime ordinatum et correctum : cum additione riiii missarum : scilicet missa de sancto *Sebastiano, de sancto Rocho, de sancto Raphaele, de sancto Joseph, de sancta Neomadia, de Tribus Sororibus, In locis propriis atque de Nomine Jesu, Nostre Domine Pietatis, de ejus presentatione, missa de spasmo beate Marie, de sancto Sudario, de sancto Gabriele, de sancto Job, de sancto Bonaventure, de dedicatione Ecclesie, misse trentenarii, beati Amandi et sancti Gregorii; cum pluribus aliis que nunquam in usu fuerunt posite; cum missis votivis.—Impressum expensis honestorum virorum Stephani Tholouze et Ludovici Rostelin, bibliopolarum.— Venundantur Burdegalis* (sic) *in officina Stephani Tholouze et Ludovici Rostelin.*—M.D.XLIII.

Ce titre est entouré d'un cadre composé de vignettes au trait, représentant des rinceaux, des personnages et des animaux fantastiques. Sur l'une des vignettes du bas sont figurés deux anges agenouillés, soutenant une croix fleuronée, à droite d'un écu resté en blanc.

Le Missel est précédé d'un calendrier, semblable à celui que nous avons signalé dans le Bréviaire du diocèse de Bazas (pag. 17), et dans lequel les vers un peu libres du mois d'août n'ont pas été oubliés.

D'après le registre des signatures, qui se trouve à la fin du 10e feuillet, ce volume doit contenir en tout 260 feuillets.

Le premier feuillet du *Dominicale*, comme celui du frontispice, est encadré de vignettes dans lesquelles se trouve un écusson resté blanc. Parmi les initiales ornées qui décorent ce premier feuillet, l'imprimeur a placé une petite gravure dans laquelle figurent, au premier plan, Bethsabée, montrant les nudités qui excitent la concupiscence de David.

Le *Sanctorale* est précédé de deux grandes gravures sur bois, représentant, encadrées par les mêmes vignettes que le frontispice : sur le feuillet à droite, *Dieu le père entouré des Évangélistes*; et, sur le feuillet à gauche, *le Crucifiement*. Dans cette dernière gravure on distingue, sur le poitrail d'un cheval, ces trois lettres : V T S; elles désignent probablement le nom du graveur.

Le feuillet qui commence le *Commune* est resté blanc.

Je ne connais aucun autre renseignement sur Étienne de Toulouse; mais, comme je l'ai dit, il est probable que ce nom de Toulouse était le nom de la ville où il était né, ou celui de la ville dans laquelle il avait été reçu compagnon, et non pas le nom de son père.

J'ajoute que, par le même motif, il n'est pas invraisemblable que le célèbre libraire Jean de Bordeaux, qui édita, à la fin du XVIe siècle, tant et de si beaux ouvrages, n'ait été en réalité le fils puîné de Gaspard Philippe et de Gilette Moline.

PIERRE DE LADIME.

Depuis la mort de François Morpain, imprimeur très-habile, comme le prouve son édition des *Coutumes de Bordeaux* jusqu'à l'établissement de l'imprimerie de Simon Millanges, dont on ne connaît aucune édition avant 1573, l'histoire de la typographie bordelaise ne peut citer le nom que d'un seul imprimeur, Pierre de Ladime, et encore on ne trouve de lui qu'un opuscule. On pourrait croire que l'imprimerie avait disparu de Bordeaux, si quelques renseignements fournis par des documents étrangers à la typographie proprement dite ne venaient prouver le contraire.

Ainsi, les registres du Parlement mentionnent trois priviléges accordés pour l'impression d'un calendrier ecclésiastique et de diverses ordonnances royales dont je dois la connaissance à l'obligeance de M. Émile Brives-Cazes.

Le premier, daté du 22 décembre 1545, est ainsi conçu : « Sur la requeste presentée à la Court par maistre Germain de Berry, prestre, et pieces à icelle attachées, la dite Court a permis et permet au dit de Berry de composer et faire imprimer le Calendrier selon l'usage de l'eglise metropolitaine Sainct-André de Bourdeaux, jusques à deux ans prochainement venant, et faict inhibition et deffence, à tous imprimeurs, libraires et à tous aultres, de ne les imprimer, expouser ne mectre en vente pendant le dit temps, à peine de perdiction des dits Calendriers et de tous livres, ou d'aultre amende arbitraire ».

Le second est en date du 27 novembre 1549 : « Sur la requeste presentée par Guillaume Le Boullengier, libraire de ceste ville de Bourdeaulx, par laquelle requeroit qu'il plust aux commissaires ordonnez par le Roy à l'exercice de la justice souveraine en dernier ressort au Parlement de Bourdeaulx, durant la surceance d'iceluy, lui octroyer et permettre imprimer ou faire imprimer les lettres patentes, edict et ordonnance faictes par le Roy, sur l'extinction, abolition et suppression de ses greniers, gabelles et officiers pour l'exercice d'icelles ès pays de Poictou, Chastellerault, Xanctonge et gouvernement de La Rochelle, Angoulmois, hault et bas Lymosin, hault et basse Marche, Perigort, enclaves et autres ressorts d'iceulx, publiées et enregistrées le douziesme jour d'octobre dernier en la chambre ordinaire, durant les vaccations, au Parlement de Paris, et pour luy ayder à se rembourser des fraiz qui pour ce faire luy conviendroit supporter, ordonner defenses estre faictes, à touz marchans libraires et imprimeurs de ceste ville et ressort dudit Parlement, de n'imprimer ou faire imprimer, vendre ou debiter lesdictes ordonnances jusques à ung an prochain :

Veue ladicte requeste, et ouy, sur ce, le Procureur-general du Roy, lesdits commissaires ont permis et permectent audit Guillaume Boullenger d'imprimer ou faire imprimer lesdictes lettres patentes, edict et ordonnance ; faisans inhibitions et defenses à tous marchans libraires et imprimeurs, tant de ceste dicte ville de Bourdeaulx que autres du ressort dudit Parlement, d'imprimer ou faire imprimer lesdictes lettres, edict, ordonnance et n'en vendre jusques à ung an prochain venant, sur peine d'amende arbitraire.

Le troisième, daté du 18 février 1549, ancien style, porte : « Sur la requeste presantée par Guillaume Le Boulengier, libraire de ceste ville de Bourdeaulx, aux fins que luy soit permis faire imprimer les ordonnances naguières faictes par le Roy sur le faict des monoies, contenues par lettres patantes, sur ce par le dict Seigneur octroiées à Fontainebleau, le xxiiie de janvier dernier passé, publiées et enregistrées en la Chambre des Monoies, à Paris, le dernier jour du dit mois, et, pour luy aider à se rembourser des frais que pour ce faire luy conviendra supporter, ordonner defenses estre faictes à tous marchans, libraires et imprimeurs de ceste ville et ressort de la dicte Court de ne imprimer ou faire imprimer, vendre ou distribuer les dictes ordonnances, d'autre impresse que du dict Boulengier, durant deux ans prochains venans, à telle peine que la Court verra estre à faire;

Veue la dicte requête; la copie des dictes lettres; et ouy le Procureur-général du Roy qui a dict ne vouloir empescher le contenu de la dicte requeste;

Dict a esté que la dicte Court a permis et permet audict Guilhaume Le Boulengier d'imprimer ou faire imprimer les dictes lettres patantes contenant les ordonnances faictes par le Roy sur le faict des monoies, faisant inhibition et défense, sur peine de cinq cens livres tournois, audict seigneur applicables, à tous marchands, libraires et imprimeurs, tant de ceste ville que autres villes et lieux du ressort d'icelle Court, de ne imprimer ou faire imprimer, vendre ou distribuer les ordonnances au ressort de la dicte Court, d'autre impresse que celle du dict Boulengier, durant deux ans prochains venans ». *(Archives départementales de la Gironde, B. 28. Parlement de Bordeaux : arrêts;* 1549.*)*

M. J. B. Gergerès *(Histoire de la Bibliothèque...,* pag. 63*),* assure, d'après des notes manuscrites de l'abbé Bellet, ancien membre de l'Académie de Bordeaux *(Notes et Mémoires sur Bordeaux..., n° 5, pag.* 138*),* qu'il y avait eu à Bordeaux, en l'année 1552, un imprimeur nommé Larue, demeurant dans la rue Bouhaut, mais qu'il n'avait imprimé que des *Prophéties de Nostradamus,* des *Almanachs,* des *Catons,* des *Alphabets* et même des *Despautères,* et que, pendant vingt années, il n'avait eu pour collègues que quelques petits imprimeurs fort pauvres et fort ignorants.

Le seul ouvrage imprimé par Pierre de Ladime, qui soit parvenu jusqu'à nous, est intitulé : *Antiquités de Saintes.* A Bordeaux, Pierre de Ladime, 1571, in-4° de 36 ff.

Le frontispice, qui ne porte pas le nom de l'auteur, est orné d'un écu de France surmonté de la couronne fermée. Dans la préface, l'auteur, Élie Vinet, raconte comment, en 1568, étant à Montignac-Charente, chez M. de Lagebaston, Premier Président au Parlement de Bordeaux, il lui prit fantaisie de rassembler les notes qu'il avait recueillies sur la ville de Saintes, comme il avait déjà fait voir par l'impression *ce qu'il avoit de l'antiquité de Bourdeaus, Bourg et Engoulesme.* Ces opuscules avaient été imprimés à Poitiers.

Dans un manuscrit de la Bibliothèque de la Ville

(Catalogue de M. de Pontac, pag. 586), on trouve mentionné, comme imprimé à Bordeaux, mais sans indication de format ou d'imprimeur, un opuscule intitulé : *Lettre du Roy à M. de Pontac sur le pape Alexandre* vii. 1555.

J. Tournon, *Liste chronologique des ouvrages des médecins et chirurgiens de Bordeaux... Bordeaux, 1799, Lawalle, in-8, pag.* 3, cite, du médecin Reulin, un ouvrage qu'il déclare n'avoir pas vu et qu'il indique ainsi : *De recto cibariorum ordine libri duo. Burdigalæ,* 1560.

M. Bernadau, dans ses *Mélanges manuscrits,* t. iv, *p.* 731, signale encore, comme imprimé à Bordeaux, l'ouvrage suivant : *Copie des lettres du Roi et du seigneur de Lansac au seigneur de Pardaillan, gouverneur de Blaye, avec la response par luy faite à Sa Majesté et audict sieur de Lansac,* 1569, *in-*8. La Bibliothèque Impériale (L b. 33, n° 281) possède un exemplaire de cet ouvrage, mais sans nom de lieu.

Je n'ai pu trouver aucune autre mention de livres imprimés à Bordeaux avant l'année 1573.

RÉSUMÉ CHRONOLOGIQUE.

§ XXIX.—Après avoir fait connaître tous les livres et tous les renseignements que j'ai pu recueillir sur les premiers temps de l'imprimerie dans la province de Guyenne, il m'a semblé utile d'en présenter sommairement le résumé dans un ordre chronologique pour remédier au manque de clarté et à la confusion qu'ont pu introduire, dans mon récit, le mélange de la description des volumes et des renseignements biographiques sur leurs auteurs et leurs imprimeurs.

Pages.

13.	—*J. Mauri in commentarios.* La Réole,	1517.	J. Maurus.
15.	—*L'Instruction des Curez*...	— 1517.	—
21.	—*Aelii Antonii nebrissensis.* Bordeaux,	1519.	G. Philippe.
22.	—*Summa... G. de Taregua..*	— 1520.	—
27.	—*Habes... G. de Tarega....*	— 1524.	J. Guyard.
35.	—*Constitut... J. de Fuxo....*	— 1525.	—
60.	—*Coustumes des Landes.....*	— 1527.	—
41.	—*Les Coustumes générales.*	— 1528.	—
44.	—*Les Gestes des Solliciteurs*	— 1529.	—
67.	—*Opus quod Baptista.........* Bazas,	1530.	C. Garnier.
65.	—*Breviarium Vasatensem...*	— 1531.	—
46.	—*Statuta provincialia........* Bordeaux,	1532.	J. Guyard.
48.	—*Comment..G. de Tarragua*	— 1533.	—
50.	—*Repertor...... medicinalis.*	— 1536.	J. Guyart.
63.	—*Les neuf preux de Gourm.*	— 1541.	—
63.	—*La Passion de Contat......*	— 1542.	—
69.	—*Institutiones temporales...*	— 1542.	F. Morpain.
78.	—*Missale Burdigalens.......*	— 1543.	E. de Toulouse
70.	—*Linguæ Vascon. primitiæ.*	— 1545.	F. Morpain.
80.	—*Calendrier de St André...*	— 1545.	(?)
81.	—*Lettres-patentes..............*	— 1549.	Leboulenger.
82.	—*Ordonn. sur les monnaies.*	— 1549.	—
83.	—*Prophéties et Alphabets...*	— 1552.	Larue.
71.	—*Les Coust. de Bourdeaulx*	— 1553.	F. Morpain.
73.	—*Ex Mathematico Pselli...*	— 1553.	—
84.	—*Let. du Roi à M. de Pontac*	— 1555.	(?)
76.	—*Gallia Gemens. ....*	— 1563.	Ve Morpain.
74.	—*Almanach.......................*	— 1567.	—
84.	—*Copie des Lettres du Roi.*	— 1569.	(?)
83.	—*Antiquités de Saintes......*	— 1571.	P. de Ladime.

En 1573, Simon Millanges fit un traité avec les

jurats de Bordeaux pour établir une imprimerie dans la ville où il était venu se fixer; et comme, sous son habile direction, l'imprimerie bordelaise eut bientôt acquis une perfection et une importance capables de rivaliser avec les imprimeries de toutes les villes de France, excepté Paris, je dois naturellement arrêter ici mes recherches sur les origines de l'imprimerie en Guyenne.

Cependant, avant de terminer ce travail, il ne sera peut-être pas inutile de faire connaître, par un acte authentique, comment les Souverains français appréciaient, il y a plus de trois siècles, les bienfaits de la science et ceux de l'imprimerie qui la propagent.

Par lettres datées de Saint-Germain en Laye, le 23 septembre 1553, portant arrêt du Conseil en faveur des marchands libraires et maîtres imprimeurs de Lyon, que les agents du fisc voulaient contraindre à payer quelques impôts, Henri II, ou ses conseillers, motivent ainsi l'exemption accordée aux produits de l'imprimerie :

« Nous deuement advertiz du grand proufit et esmolument que apporte en nostre royaulme et à noz subjectz l'art de l'imprimerie, tant pour la grande quantité des livres qui se impriment ès villes de nostredit royaulme, qui se vendent et debitent aux estrangiers et en divers lieux, pais et provinces, dont viennent gros deniers en iceluy nostre royaulme et à nosdits subjectz; comme aussy pour le grand bien, comodité et proufict que prennent de l'impression des livres tous gens de lettres et singulierement les supostz et escoliers de noz universitéz; pour ces considerations, aussi pour le grand et louable artifice qu'il y a au faict de l'imprimerie par laquelle est conservé et perpetué la memoire de toutes choses, noz predecesseurs desirans entretenir, accroistre et augmenter l'art d'icelle imprimerie, pour le grand fruict qu'elle apporte, l'auroient non seulement privilegiée, affranchie et exemptée de tous tributz, peages, impositions et subsides, mais aussi les escrivains, imprimeurs et toutes autres personnes necessaires et requises pour ledit art.

» Nous, à ces causes, savoir faisons que nous deuement advertiz du grand proufit et esmolument que apporte en nostre royaulme et à noz subjectz l'art de l'imprimerie, tant pour la grande quantité des livres qui se impriment ez villes de nostredit royaulme, qui se vendent et debitent aux estrangiers et en divers lieux, pais et provinces, dont viennent gros deniers en icelluy nostre royaulme et à nosdits subjectz, que aussi pour le grand bien, comodité, prouficт que prennent de l'impression des livres tous gens de lettres et singulierement les supostz et escoliers de nos universitéz; aussi pour le grand et louable artifice qu'il y a au faict de l'imprimerie, par laquelle est conservé et perpetué le memoire de toutes choses, noz predecesseurs desirans entretenir, accroistre et augmenter l'art de icelle imprimerie..., l'auroient non seulement privilegiée, affranchie et exemptée de tous tributz, peages..., mais aussi les escrivains, imprimeurs et toutes autres personnes necessaires et requises pour ledit art et faict de ladite imprimerie.

» Oultre ces considerations, ne ignorant que en mettant sur les livres imprimez l'imposition de la traicte foraine....., ce serait chasser et esloigner de nostre royaume l'art et negoce de l'imprimerie et l'envoyer aux estrangiers, lesquelz, pour l'attirer à eulx, tiennent ladicte imprimerie franche et exempte de tous subsides..... Nous, à ces causes..... aussi en faveur de ce que nostre tres honoré seigneur et père, le feu Roy, que Dieu absoille, et nous, avons tousjours eu les lettres en singuliere recommandation... par l'advis de nostre privé conseil estably près nostre tres chère et bien amée compaigne la Royne à Saint-Germain en Laye... faisons inhibitions et defenses à tous nos officiers..... de ne lever ou exiger aucune chose... desdits droictz, pour raison desdits livres. » *(Archives du département de la Gironde, B. 34. Parlement : Enregistrements, 1552 à 1557, pag. 200.)*

Ces lettres furent enregistrées au Parlement de Bordeaux, le 6 octobre 1554.

APPENDICE

§ XXX. — Pendant que les feuilles de ce travail sortaient une à une de chez mon imprimeur, avec une lenteur désespérante, il parut tout-à-coup, dans tous les journaux de Bordeaux, une annonce constatant qu'une découverte curieuse pour l'histoire de l'imprimerie à Bordeaux venait d'être faite par l'archiviste de la ville dans les archives du département.

Il ne s'agissait de rien moins que d'un acte qui, confirmant mes conjectures sur l'introduction de l'imprimerie dans nos contrées, prouvait qu'il avait existé des imprimeurs à Bordeaux dès l'année 1486.

Cette trouvaille est si importante pour le sujet que j'ai entrepris de traiter, qu'elle m'oblige à fournir ici quelques détails circonstanciés sur le document et sur sa découverte.

Je dois d'abord prouver à mes lecteurs que je n'ai connu ce document qu'en même temps que le public, et que mes hypothèses sur l'époque de l'arrivée de l'imprimerie à Bordeaux n'ont pas été écrites après coup. Pour cela, il me suffira de placer sous leurs yeux une lettre que M. Ernest Gaullieur mettait à la poste à mon adresse, le jour même où il communiquait l'annonce de sa découverte aux journaux de la localité :

« Mon Cher Monsieur Delpit,

» ..... Voilà bientôt cinq ans que nous nous con-
» naissons.....; pourquoi faut-il que j'aie à vous an-
» noncer une découverte, qui me comblerait de joie,
» si je ne songeais à vos longues et patientes recher-
» ches sur ce sujet.
» Depuis longtemps, *sans en rien confier à per-*
» *sonne* (1), je recherchais l'origine de l'imprimerie à
» Bordeaux; *votre* Gaspard Philippe me paraissait
» avoir usurpé une gloire qui ne lui revenait pas.....
» Il y a sept ou huit mois seulement, j'appris, par
» vous-même, que vous aviez sous presse un ouvrage
» sur la prototypographie bordelaise; quelques lignes
» de votre excellente Notice sur Gabriel de Tarregua (2)
» m'apprirent, presque à la même époque, que vos
» travaux sur ce sujet étaient commencés depuis un
» grand nombre d'années.
» J'eus un instant l'idée *de cesser mes recherches;*
» mais elles m'avaient déjà fourni de précieuses décou-

(1) Pas même à moi, qui avais peut-être quelques droits à cette confidence.

(2) Cette Notice porte *Taregua;* je n'ai adopté la forme *Tarregua* que dans le travail actuel.

» vertes, je pensai qu'elles pourraient être un jour
» utiles à l'homme qui, le premier, ferait l'histoire com-
» plète de Bordeaux, et j'eus enfin l'heureuse chance
» de trouver la preuve qu'en 1486 l'imprimerie nous
» avait été apportée directement d'Allemagne à Bor-
» deaux.

» Vous êtes trop juste et trop impartial pour ne pas
» comprendre la situation dans laquelle je me trouve :
» j'ai besoin de relever, par mes travaux et mon hono-
» rabilité, les fonctions que j'occupe, fonctions aux-
» quelles l'Administration municipale n'attache, à tort,
» qu'une importance bien secondaire..... ; je prépare
» donc un Mémoire sur les *Origines de l'imprimerie
» à Bordeaux*, que je compte présenter à l'Institut le
» plus tôt possible..... etc. »

Le même jour, le journal *La Gironde* imprimait l'article anonyme suivant, sous la date du 24 mars 1869 :

L'IMPRIMERIE A BORDEAUX EN 1486.

Nous nous empressons de porter à la connaissance de nos lecteurs et de tous ceux qui s'intéressent à l'étude des siècles passés, une découverte des plus importantes pour notre histoire locale et pour celle de l'imprimerie en France.

Il s'agit des *origines de l'imprimerie à Bordeaux*.

On avait cru jusqu'ici que cet invention si simple qui, on peut le dire, a changé la face du monde et préparé les conquêtes de l'esprit moderne, n'avait été apportée dans notre ville que vers 1520 par Gaspard Philippe, qui imprimait à Paris la *Pragmatique sanction* en 1508, et transporta, postérieurement à cette époque, ses presses à Bordeaux.

Après quatre années de recherches incessantes, M. Ernest Gaullieur, archiviste de la ville, — auquel l'Académie de Bordeaux décernait, il y a peu de jours, une médaille d'argent pour ses deux intéressantes brochures sur l'*Armurerie milanaise* et les *Corporations*, — vient d'acquérir la preuve que les premiers essais d'impression faits à Bordeaux, au moyen des caractères mobiles en étain, remontent à l'année 1486.

Au lieu de nous venir de Paris avec Gaspard Philippe au seizième siècle, l'imprimerie nous aurait été apportée directement d'Allemagne au quinzième.

C'est là, répétons-le, une importante découverte sur laquelle M. Gaullieur prépare un Mémoire qui sera présenté prochainement à l'Institut de France et à l'Académie des sciences, belles-lettres et arts de Bordeaux.

A peu de jours de distance, *La Guienne, Le Courrier de la Gironde, Le Bordelais, Le Journal de Lot-et-Garonne*, et probablement beaucoup d'autres journaux que je ne connais pas, publiaient des articles à peu près semblables, dans lesquels n'étaient oubliés ni la médaille décernée par l'Académie de Bordeaux, ni le futur Mémoire à l'Institut de France, etc.

Je crois avoir surabondamment prouvé qu'en composant mon travail, je ne connaissais pas la découverte que devait faire plus tard l'archiviste de la Mairie de Bordeaux.

§ XXXI. — Quelques mois après ces annonces multipliées, le Mémoire destiné à l'Académie de Bordeaux et à l'Institut de France, se transformait en une brochure in-8 de 44 pages, sortant de la même imprimerie qui publiait si lentement mon travail. Cette brochure, tirée à 500 exemplaires, imprimée aux frais de la Ville, et dédiée à M. de Bethmann, maire de Bordeaux, est intitulée simplement : *L'Imprimerie à Bordeaux en 1486*.

Le Mémoire de M. Gaullieur, réduit aux modestes proportions que lui assigne son titre définitif, pouvait difficilement fournir matière à un travail important, aussi l'auteur, pour lui donner un peu plus d'épaisseur, a-t-il été obligé de le grossir par quelques disgressions, peu ou point liées à son sujet : le commerce du pastel ; l'origine du nom de Michel de Montagne, etc. Disons, en outre, que, comme dans son récit, M. Gaullieur a amalgammé le texte des documents curieux qu'il venait de découvrir avec les réflexions que ce texte lui suggère, il n'est pas très-facile de se faire une idée, nette et claire, des renseignements que ces actes fournissent. Je vais donc reproduire d'abord ces curieux documents dans l'ordre naturel que leur date leur assigne, les commenter, et je donnerai ensuite une analyse exacte de la manière dont M. Ernest Gaullieur les a appréciés. Les lecteurs verront avec surprise que les conclusions tirées des mêmes faits peuvent différer beaucoup sur plusieurs points (1).

(1) Aux reproches adressés à M. Gaullieur sur la manière un peu confuse dont il a présenté le récit des faits, je dois ajouter qu'il a montré une grande légèreté et beaucoup d'inattention dans la correction des épreuves. Je ne veux pas parler des coquilles proprement dites, dont personne n'est à l'abri, et qui pullulent dans le texte de M. Gaullieur; mais je dois dire qu'il y a, dans sa brochure, un grand nombre de fautes qui sortent de la ligne ordinaire.

Ainsi, le premier paragraphe de la seconde page est formé d'une phrase moitié française, moitié latine, et qui n'a aucun sens ni en français ni en latin.

L'orthographe des noms propres est rarement uniforme : par exemple, le nom du notaire, rédacteur des documents si heureusement découverts, présente une nombreuse série de formes les plus variées, latines, gasconnes et françaises, et ces dernières : *Dubois* et *Duboys* sont entièrement fantaisistes, car ce notaire a écrit lui-même son nom en français, et il l'écrit : *Dubosc*. Dans

TRAITÉ passé entre les Jurats de Bordeaux et le libraire allemand Michel Svierler.

Nos, los perbost et juratz de la present bille et ciutat de Bordeu, certificam auer feyt et accordat appuntament am Micheu d'Orme (1), librayre et vendedor de

un passage, M. Gaullieur traduit des mots gascons qui signifient : *Si les imprimeurs quittent la ville, excepté en temps de peste... etc.* par ces mots : *S'ils veulent s'en aller, ou sont frappés de mortalité... etc.*

Plus loin, il annonce que le travail *le plus complet* sur l'histoire de la prototypographie est un ouvrage *en cours de publication*, et il corrige l'auteur de cet ouvrage en lui prêtant ces mots : *impressus est hoc opus*. L'Institut de France et l'Académie de Bordeaux remarqueront d'autant plus l'emploi de cette nouvelle règle grammaticale, que M. Gaullieur l'a encore appliquée dans un autre passage, en écrivant : *presentibus honorabilis viris*.

Ajoutons que l'archiviste de la Mairie de Bordeaux a voulu constater qu'avant lui, et avant l'an 1865 (le jour et l'heure ne sont pas indiqués), personne ne savait que le nom patronimique de l'auteur des *Essais* était *Eyquem* et non pas *Montagne*. Voici ce curieux passage : « C'est en 1865 que je signalai à l'attention de quelques érudits l'origine de ce nom illustre que je venais de découvrir. Voyez : *Archives historiques de la Gironde, tom.* VIII, *pag.* 547 ». Il est sans doute inutile de dire qu'à la page indiquée aucune note ne justifie cette singulière prétention, et qu'il suffit de parcourir les autres volumes des *Archives historiques* pour y trouver la preuve qu'à Bordeaux, comme ailleurs, avant comme depuis 1865, tous les érudits connaissaient la découverte que s'attribue M. Ernest Gaullieur.

(1) M. Gaullieur prétend que ce mot signifie *Ulm*, parce que le notaire gascon, entendant un nom allemand dont la prononciation se rapproche de celle du mot latin *Ulmus*, l'a traduit en gascon par le mot français *Orme*. Quelque ingénieuse que soit cette supposition, ne serait-il pas aussi naturel de supposer qu'entendant prononcer : *de Worms*, il a cru entendre *d'Orme;* mais je ne tiens ni à l'une ni à l'autre de ces hypothèses.

libres, que ed, deu et es tengud de amenar a la present billa et ciutat de Bordeu mestres et compaignons per far libres d'impression et molle, et y tenir detz ans.

Et plus, et prendre deus enfantz et compaignons de la bile per aprendre, si en y a aucuns que bulhen aprendre deudeit art, par pretz rasonables.

Et si s'en bolen anar losdeits mestres et companhons, sino a temps per mortalitat, durant lodeit temps, que nos pusquam saisir so que se troubera deudeit Micheu et deusdeits mestres et companhons.

Et per que lodeit Micheu fassa las causas dessus-deitas lui auem ordenat et accordat dos cens francs bordales, a pagar per lo thesaurey de ladeita ciutat : cinquante francs dintz la festa de Nadau ; autres cinquante francs a la festa de Sent Johan ; autres cinquante francs a l'autre jorn et festa de Nadau, et los autres cinquante francs a l'autre jorn et festa de Nadaü (1).

Et a major fermetat auem so accordat las presentes lo xxie jorn de jung l'an mil iiii^c iiii^{xx} et seys. (*Archives départementales de la Gironde* E. Notaires. *Debosco* 170. 1. *fol.* 174).

Ce document est transcrit dans la minute d'un acte daté du 16 décembre 1486, que nous donnerons ci-dessous, après avoir analysé celui-ci, pour en faciliter la lecture aux personnes qui ne connaissent pas l'idiome gascon :

Le prévôt et les autres jurats de Bordeaux consta-

---

(1) M. Gaullieur pense, je ne sais pourquoi, qu'il y a ici une erreur du copiste, et que celui-ci a mis la Noël pour la Saint-Jean ; il me semble que si le dernier terme avait été fixé à la Saint-Jean, le libraire se serait trouvé recevoir les 200 fr. dans dix-huit mois, au lieu du terme deux ans, délai convenu.

tent qu'il a été fait avec Michel Svierler, libraire de la ville d'Orme en Allemagne, les conditions suivantes : Michel Svieler s'est engagé à amener à Bordeaux des maîtres et compagnons imprimeurs pour y rester dix ans et y faire des apprentis dans leur art, à des prix raisonnables. Si ces imprimeurs quittent la ville avant l'expiration de ce terme, à moins que ce ne soit en temps de peste, les jurats pourront s'emparer du matériel des imprimeurs. A ces conditions, Michel Svierler recevra, du Trésorier de la Ville, 200 fr. bordelais, payables : 5o fr. à la Noël; 5o fr. à la Saint-Jean; 5o fr. à la Noël suivante, et les autres 5o fr. un an après.

RATTIFICATION, par le libraire Michel Svierler, du compromis passé avec les Jurats de Bordeaux.

DICTA DIE [16 *decembre* 1486]

Conoguda—que aujornduy—etc. personament constituit Micheu Svierler, de la bile d'Orme, en Alemanhe, loquau de son bon grat a obtemperat a l'apunctament feit per los senhors perbost et jurats de la present billa et ciutat de Bordeu, loquau appunctament s'en ser, de mot a mot, en aquesta maneira : Nos, los perbost... [Voyez ci-dessus, p. 94.]

Et en obtemperant ausdeits appunctamentz lodeit Micheu d'Orme, de son bon grat, reconogo' auer agudz de honorable home Johan Feron, lo belh, thesaurey de la deita bila, la soma de cinquante francs bordales, et en tau maneira que s'en tenguo—etc; et a promes tenir losdeits appunctamentz en obligation de sa persona et bens—etc. sotzmet—etc.

Et au cas que lodeit d'Orme no tengue losdeits pactes, mestre Nolot de Guiton, licenciat en decretz, deu rendre et recobrar losdeits cinquante francs bordales a la deita bila, et — etc.

Presentibus — etc. Petro de More et Arnaldo Ayma, habitatoribus Burdegale. (*Archives départementales de la Gironde* E. Notaires. Debosco 170. 1. *fol.* 174).

Dans cet acte, Michel Svierler accepte les clauses du compromis passé avec les jurats le 21 juin dernier (voyez ci-dessus, pag. 94), et reconnaît avoir reçu de l'honorable homme Jean Feron, le vieux, trésorier de la ville, la somme de 50 fr. bordelais. Dans le cas où Michel Svierler ne tiendrait pas ses promesses, maître Nolot de Guiton, licencié en droit, s'engage à à restituer les 50 fr. à la ville.

ASSOCIATION commerciale entre Nolot de Guiton et Michel Svierler.

DICTA DIE [16 *decembre* 1486]

Que aujornduy — etc. personnellement estabiliz : monsieur maistre Nolot de Guiton, licencié en decretz, d'une part, et maistre Micheau Svierler, de la ville d'Orme, en Alemaigne, d'autre part; lesdites parties on fait traicté et appoinctement entre eulx en la maniere que s'en suyt :

Et premierement, a esté appoincté que ledit de Guiton entrera pleges envert messieurs de la vile pour la somme de deux centz francs bourdelois; c'est assavoir au cas que ledit maistre Micheau d'Orme ne entretint les pactes et convenances faitz entre lesdits sieurs de

la vile et luy. Au moyen duquel plege ledit Micheau d'Orme recuill ledit de Guiton en la moité de sa part du gaing en partie (ou perte) qui viendra sur les livres imprimés.

Item, et au cas que ledit Micheau fist aucune merchandise, de livres ou autres chouses, de ladite somme de deux centz francs, en icelluy cas ledit de Guiton en ara sa part et portion.

Item, et pendant le terme de dix ans, de tous les livres imprimés, or ou argent, [et] papier, qu'ilz auront en comun ledit de Guiton sera tousjours saisi de ladite somme de deulx cents francs, o de la somme de laquelle sera entré pleges.

Item, et en faisant leur recognoissance, celuy de eulx qui aura fait forniture : en blé, vin, papier, ou autres chouses, il sera paié de ce qu'il aura forni préalablement, et le demourant du gaing sera devisé entre eulx par equales portions.

Item, au bout de leur terme ledit de Guiton ara sa part en ladite somme de deux centz francs.

Item, et pour ce que ledit Micheau a puis naguieres recuilli en sa compaignie ung maistre imprimeur, nommé Jehan Waltear, de Mindellon, pour le terme de deux ans, lequel a forny grant quantité de lettres d'estaing, lesquelles se doybvent communiquer entre lesdits Micheau et maistre Jehan, a esté appoincté entre eulx, que les lettres d'estaing qui escheront audit Micheau, pour sa part, seront comuniquées ensemble audit Guiton.

Item, les deux premiers ans passés, ledit de Guiton et Micheau seront comuns oudit gaing ou parte, le tout par moytié.

Item, s'il estoit cas, que avant lesdits deux ans, ledit maistre Jehan ne voulsist tenir les pactes et appoinctementz faitz entre luy et le dit Micheu, de son bon grè, recuill et associe ledit maistre Nolot en la moité de tout le gaing et parte et aussi en la moité desdits deux cens francs baillés par mesdits seigneurs de la ville, sans aucune difficulté.

Et pour tout ce—etc. tenir—etc. obligent—etc. l'une partie à l'autre—etc. soubzmettant—etc. jurant—etc.

Présents : maistre Pierre Aisselin — etc. et Pierre Guionneau, sebatier, habitants de Bourdeaux. (*Archives départementales de la Gironde* E. Notaires : *minutes de Debosco 170. 1. fol. 174*).

OBLIGATION de Michel Svierler en faveur de Nolot de Guiton.

DICTA DIE [16 *decembre* 1486]

Que ledit Micheau d'Orme—etc. doit—etc. audit de Guiton — etc. présent—etc. la somme de cinquante francs bourdelois; laquelle somme ledit de Guiton a receue de mesdits seigneurs de la ville, a causa dudit appoinctement—etc. De laquelle ledit de Guiton est pleges envert mesdits seigneurs — etc. pour ledit Micheu.

Et plus, la somme de trente francs bourdelois, lesquelz ledit de Guiton lez y a baillez du sien proupre — etc. à les paier et rendre audit de Guiton—etc. du premier gaing qui sera en la merchandise qui sur ce a esté ordonné à faire — etc. oblige — etc. soubzmet — etc. Presents les dessusditz.

En marge est écrit : *Cancellata hec carta, die* VII[a].

mensis junii, anno Domini M° IIII IIII LXXXVII°. (*Archives départementales de la Gironde* E. Notaires : *minutes de Debosco* 170. 1. *fol.* 175).

*ASSOCIATION entre Nolot de Guiton et Michel Svierler
pour la vente d'un breviaire d'Auch.*

DICTA DIE [VII *junii* 1487]

Saichent tous ceulx qui ces présentes lettres verront et ourront que aujourdhui, septiesme du mois de juing, l'an mil IIII IIII et sept, en la présence de moy, Pierre Dubosc..... personnellement establi maistre Micheau Svierler, de la ville d'Orme (1), en Alemaigne..... lequel... a congneu et confessé... avoir eu, prins et receu de monsieur maistre Nolot de Guiton, licencié en decretz, de la paroisse de St Michel, et bourgeois de Bourdeaux, la somme de huyt vings francs bourdelois, à compter xv. sous tournois pour franc, en tielle maniere qu'il s'en tient pour bien content; de laquelle somme de huyt vings francs ledit maistre Micheau a dit et confessé qu'il avoit baillé et paié a maistres Estienne Sauveteau et Guillaume ———, imprimeurs à Poitiers, la somme de cent francs tournois, ainsi qu'il appert par cedules et quittances faictes et baillées par lesdits maitres imprimeurs audit Micheau d'Orme à causa de ung certain marché feit, entre lesdits imprimeurs et Micheau, pour le nombre et quantité de

---

(1) Le notaire avait écrit *Svierler Dolme,* il a effacé *Dolme* pour mettre : *De la ville d'Orme.*

sept centz breviaires de l'ordre (1) d'Aux, ainsi que dudit pacte et marché, entre eulx fait, appert par instrument receu par main de notaire, ainsi qu'il dit.

Et le demourant de ladite somme de huyt vings francs ledit maistre Micheu a dit et confessé qu'il avoit despandu et miz a la poursuite et diligence pour avoir et recouvrer lesdits breviaires et les mener et conduire à Aux.

Desquelles sommes dessusdites ledit maistre Micheau Svierler, d'Orme, veult et se constent que du premier argent qui aviendra et sortira desdits breviaires ledit maistre Nolot de Guiton, ou son commis, soyt premierement paié et sattisfait, bien et entierement, et puisse prendre l'argent desdits breviaires entro au paiement de ladite somme.

Et au moyen dudit argent et sommes susdites, ainsi par ledit maistre Nolot baillé, ledit maistre Micheau à accuilly, associé et accompaigné ledit maistre Nolot de Guiton en la moité du gain qui se fera et adviendra desdits sept centz breviaires dudit ordre d'Aux, sans aucune difficulté.

Et pour ce faire, tenir..... ledit maistre Micheau a obligé audit maistre Nolot de Guiton... sa propre personne et tout et chacuns ses biens... et par spécial à obligé lesdits breviaires, et a soubzmis et soubzmect sadite personne et biens et breviaires à les jurisdictions et rigueurs de noble et puissant seigneur monseigneur

(1) Après de grands raisonnements pour établir le véritable nom de la ville désignée par le nom d'Aux, M. Gaullieur fait des efforts moins heureux pour arriver à expliquer ce que peut vouloir dire, ici, ce mot *d'ordre;* ne serait-ce pas la traduction pure et simple du mot *ordo* aujourd'hui admis dans la langue française?

le grand sénéchal de Guienne... Et a renoncé et renonce à tous droiz, loix... Et a promis et juré... etc.

Ce fut fait et passé en la ville et cité de Bourdeaux, ès presences de maistre Bartholomé Dumourar, clerc, notaire, et Pierre Guiraud, coturier, demourans en ladite ville de Bourdeaux, témoings à ce appellez, priés et requis; les jour, moys et an que dessus. (*Archives du département de la Gironde* E. Notaires : *minutes de Debosco* 170. 1. 3e *cahier f.* 24).

§ XXXII. — Les faits qui résultent de ces actes, très-curieux et très-importants pour l'histoire de l'établissement de l'imprimerie à Bordeaux, sont clairs et précis.

Un allemand, cherchant fortune dans des voyages industriels, est arrivé à Bordeaux, par terre ou par mer, d'Allemagne ou de Flandres, peu importe (1). Jean Svierler est frappé de voir qu'une ville aussi importante n'a pas encore d'imprimeurs, lorsque les maîtres et compagnons de ce métier sont répandus sur toute la surface de l'Europe; et il pense qu'en établissant une imprimerie à Bordeaux on pourrait y gagner de l'argent. Malheureusement le libraire nomade avait fait comme la pierre qui n'amasse pas de mousse en

---

(1) Le Catalogue de la belle collection de M. Victor Luzarche contient, sous le numéro 2834, une dissertation dans laquelle l'auteur établit que, dès 1466, Fust avait essayé d'établir des relations avec le premier président du parlement de Toulouse, et qu'en 1476 des ouvriers, envoyés de Mayence par Schoyffer, munis de caractères mobiles, y avaient établi une imprimerie appliquée non-seulement aux labeurs nécessaires à une grande administration provinciale, mais même à la publication d'ouvrages purement littéraires.

roulant, et quelque minime que fût la somme nécessaire à son entreprise, Michel Svierler ne la possédait pas. Alors, il eut l'idée de s'adresser aux jurats, parmi lesquels, selon l'expression de M. Gaullieur, il y avait *alors* des hommes fort intelligents, et il s'engagea envers eux, le 21 juin 1486, à faire venir à Bordeaux des maîtres imprimeurs pour y imprimer des livres et former des apprentis pendant dix ans, moyennant une subvention ou commission de deux cents francs bordelais, payables à divers termes.

La Municipalité accepta ces offres, mais à une condition : c'est qu'un homme connu et solvable répondrait du bon emploi de l'argent qu'elle devait donner.

Michel Svierler trouva, dans Nolot de Guiton, licencié en droit (1), appartenant à une famille illustre et riche, un homme assez confiant en l'honorabilité des promesses de cet étranger pour, moyennant son association aux bénéfices de l'entreprise, risquer de perdre les sommes avancées par les jurats et celles qu'il serait obligé d'avancer de ses propres deniers. Était-ce pure cupidité, était-ce pur désir d'être utile à sa patrie, y avait-il mélange de ces deux sentiments? Peu importe; Nolot de Guiton consentit à cautionner Svierler pour doter sa patrie des bienfaits d'une imprimerie.

En conséquence, cinq mois plus tard, le 16 décembre 1486, Michel Svierler ayant enfin rencontré un imprimeur allemand, nommé Jean Waltear, possesseur

---

(1) M. Ernest Gaullieur dit que Nolot de Guiton était alors Procureur-Syndic de la ville, quoique la *Chronique Bordelaise* assure que Mᵉ B. Lepiochel le fût en 1483, et que M. Gaullieur lui-même constate que celui-ci était encore Procureur-Syndic le 12 août 1486.

d'un matériel suffisant, et qui paraissait décidé à s'associer au projet d'établir une imprimerie à Bordeaux, le libraire étranger et Nolot de Guiton passent, devant le notaire Dubosc, un acte d'association pour l'exploitation de cette nouvelle industrie.

Par cet acte, Nolot de Guiton s'oblige, dans le cas prévu où Michel Svierler ne tiendrait pas ses engagements, à restituer à la ville les sommes qu'elle aurait données. En compensation, il est associé à tous les bénéfices que pourra produire soit l'imprimerie, soit *tout autre commerce fait* avec l'argent avancé par la ville. Nolot de Guiton et son associé seront remboursés, avant le partage des bénéfices, des sommes ou de la valeur des denrées qu'ils auront avancées pour l'association. Au bout de dix ans, la société sera dissoute; les deux cents francs donnés par la ville, comme les caractères d'étain que l'imprimeur Jean Waltear s'est engagé à donner à Michel Svierler, seront partagés entre les deux associés.

Les termes de l'acte disent que Nolot de Guiton restera toujours nanti des sommes avancées par la ville; mais il était bien entendu que cet argent devait être employé à monter l'entreprise, sans quoi le Trésorier de la ville aurait pu garder les fonds dans sa caisse aussi bien que Nolot de Guiton dans la sienne; et, en effet, le premier pacte de cinquante francs bordelais était à peine échu, que cette somme ne suffisant pas aux premiers besoins, Nolot de Guiton fut obligé d'y joindre trente francs de ses propres deniers. Michel Svierler, qui devait dépenser l'argent, donna une reconnaissance pour la somme totale de quatre-vingts francs à son associé, le 16 décembre 1486.

Depuis cette déclaration, que se passât-il entre les deux associés? Rien ne l'indique; mais il est à peu près certain que, pour une cause ou pour une autre, leur imprimerie ne fut pas établie. Les minutes du notaire ne mentionnent point le second ni les autres paiements que la ville devait effectuer à partir du 24 juin 1487; et, au lieu de cela, nous trouvons, en marge de l'obligation pour 80 fr. bordelais, que cet acte fut annulé le 7 juin 1487. En même temps, dans le même registre, et précisément à la date du 7 juin 1487, il est fait mention d'un nouvel acte d'association entre les mêmes parties, pour une opération différente.

Michel Svierler, après ou avant son association avec Nolot de Guiton, avait été obligé de courir le pays pour chercher des imprimeurs ou de nouvelles entreprises; il prétendit (l'acte constate que son associé commençait à se défier de ses assertions) qu'il avait fait un traité avec deux imprimeurs de Poitiers pour l'impression de 700 exemplaires d'un bréviaire du diocèse d'Auch, moyennant 120 fr. bordelais, et que si Nolot de Guiton voulait lui fournir cette somme et 40 fr. de plus pour faire transporter les 700 exemplaires de Poitiers à Auch, Nolot de Guiton serait non-seulement remboursé de ses 160 fr. bordelais sur le premier argent qui rentrerait, mais qu'il serait, en outre, associé à tous les bénéfices que produirait la vente des autres bréviaires.

Il résulte bien évidemment de cet acte que Michel Svierler n'ayant pas rempli ses premiers engagements, trouva moyen de faire accepter à Nolot de Guiton, en compensation des 80 fr. bordelais qu'il avait perdus, une part hypothétique sur les bénéfices énormes que devait produire la vente de ces 700 bréviaires, et, qu'ayant ainsi dénaturé sa dette, il pût échapper aux mains de Nolot de Guiton et gagner du large, soit que sa dupe ait eu la simplicité de lui compter les 80 fr. bordelais de différence entre sa première et sa deuxième créance, soit qu'elle ait été séduite par l'appas usuraire de grossir cette première créance de 50 pour cent sans bourse délier.

En effet, les imprimeurs ou prétendus imprimeurs de Poitiers, dont Michel Svierler ne put nommer qu'un seul, quoiqu'il eût, *ainsi qu'il dit,* passé avec eux des actes par mains de notaires, peuvent très-bien n'avoir pas plus existé que les bréviaires d'Auch et même que le Jehan Waltear, possédant des lettres d'étain qu'il devait si libéralement partager, sans qu'on sache bien pourquoi, avec Michel Svierler et Nolot de Guiton. Il est certain, je le répète, que Jehan Waltear n'imprima jamais rien à Bordeaux, car les minutes de Me Dubosc n'auraient pas manqué d'enregistrer la nouvelle somme de 50 fr. bordelais payée à Ml Svierler par la ville, et dont celui-ci se serait trouvé débiteur envers Nolot de Guiton.

Tels sont les faits qui, selon moi, résultent clairement des actes intéressants et curieux, à plusieurs titres, que M. Ernest Gaullieur a eu l'heureuse chance de découvrir.

Il est positif qu'un allemand, nommé réellement ou non Michel Svierler, libraire ou non, a fait, en 1486, un traité avec les jurats pour établir une imprimerie à Bordeaux. Donc, contrairement à toutes les probabilités, il n'y a pas eu d'imprimerie à Bordeaux avant cette époque, même du temps de cette espèce de royauté exercée avec tant d'éclat par le célèbre Charles, duc de Guyenne; donc, cette entreprise n'avait pas encore réussi le 1er juin 1487, et, malgré le titre donné par M. Gaullieur à sa brochure, l'imprimerie n'a pas été établie à Bordeaux en 1486.

§ XXXIII.—M. Ernest Gaullieur a tiré, des curieux renseignements qu'il a trouvés, des conséquences qui diffèrent beaucoup de celles que je viens d'exprimer; je les ai déjà indiquées; mais je vais les analyser plus complétement en me servant, autant que possible, des phrases mêmes de M. Gaullieur.

En 1486, dit-il, Michel Svierler, libraire allemand, associé à Jean Waltear, imprimeur souabe, passait, avec les jurats (1), un contrat de dix ans pour l'exercice de l'imprimerie à Bordeaux.— Comme on le voit, ce sont le prévôt et les jurats qui traitent directement avec Michel Svierler et lui avancent les premières sommes nécessaires à son établissement; peut-être même, et c'est probable, n'était-il venu en Guyenne que sur leur demande. C'est donc à la Municipalité de cette époque que revient, en partie, l'honneur de l'introduction de l'imprimerie à Bordeaux.

Je crois qu'avec le peu d'argent dont il pouvait disposer, le libraire allemand aurait pu réussir à Bordeaux, s'il n'eût été forcé *(par qui?)* d'accepter les

---

(1) Nous avons vu que si Michel Svierler a jamais été associé à Jean Waltear, il n'était nullement question de ce dernier dans l'acte passé avec les jurats, et que Jean Waltear est mentionné seulement dans l'acte d'association passé cinq mois plus tard entre Michel Svierler et Nolot de Guiton. Ailleurs, M. Gaullieur lui-même se demande, et avec raison, si Jean Waltear est jamais venu à Bordeaux.

conditions cruelles d'une association avec Nolot de Guiton. — C'est l'histoire douloureuse de la lutte entre le novateur hardi ou l'inventeur de génie et le bailleur de fonds rapace, lutte de tous les pays et de tous les siècles (1)! — Cherchons quels furent les résultats de l'arrivée de Svierler à Bordeaux. — Il me semble qu'on peut conclure hardiment que Michel Svierler était venu seul à Bordeaux, probablement dans le doute de l'accueil qui lui serait fait, et pour éviter les frais considérables qu'aurait entraînés le déplacement de plusieurs personnes ; mais qu'il avait traité d'avance avec l'imprimeur et les ouvriers qui, devant le seconder (2), n'attendaient qu'une lettre de lui pour venir le rejoindre.

(1) On croit rêver quand on lit de pareilles phrases à propos de pareils actes ! Qu'avait donc inventé ce libraire étranger, si non un moyen de faire servir les idées généreuses de Nolot de Guiton à faire passer l'argent de la bourse du citoyen patriote dans la bourse vide de l'industriel nomade ? La qualité de procureur-syndic que M. Ernest Gaullieur attribue à Nolot de Guiton a porté un tort considérable à celui-ci dans l'estime du savant archiviste de la ville de Bordeaux. Il s'est imaginé, je ne sais pourquoi, que cette honorable fonction municipale avait quelque chose d'analogue avec les fonctions de procureur au Parlement, et il a accablé partout ce malheureux fonctionnaire des épithètes les plus cruelles. Oubliant que les procureurs au Parlement n'obtinrent l'honneur d'être nommés jurats que dans une époque très-avancée du XVIIe siècle, il traite le procureur-syndic de la ville, au XVe, comme un véritable procureur des comédies de Molière.

(2) Il résulte au contraire, très-clairement, des actes publiés par M. Gaullieur, que Svierler ne traita avec Waltear qu'après avoir traité avec les jurats de Bordeaux, et il n'est question nulle part de l'arrivée des ouvriers qui devaient le seconder, et qui vinrent d'autant moins que, très-probablement, Waltear lui-même n'arriva jamais.

Jean Waltear vint-il à Bordeaux? C'est ce que j'ignore. — Mais Svierler était resté au moins une année à Bordeaux, et nul doute qu'il n'eût fait, pendant ce laps de temps, quelques essais d'impression au moyen de ses caractères mobiles d'étain (1).

Ainsi, continue M. Gaullieur, Svierler, qui, à ses risques et périls *(lesquels?)*, apportait les importants *secrets* de l'imprimerie, se voyait condamné à ne retirer aucun profit *de son labeur*, et se trouvait lié de toutes parts par les clauses impitoyables d'un contrat que la nécessité l'obligeait à accepter (2). — Ceux qui

---

(1) Svierler n'était pas imprimeur, n'avait pas de caractères mobiles d'étain, et pendant qu'il était à Bordeaux traita avec des imprimeurs de Poitiers pour l'impression d'un bréviaire. A part ces trois difficultés, les conjectures de M. Gaullieur pourraient avoir une certaine vraisemblance.

(2) La conduite de l'ancien procureur-syndic de la ville indigne à tel point l'archiviste actuel de la Municipalité, qu'il se laisse emporter jusqu'à reprocher à Nolot de Guiton d'avoir lui-même rédigé son acte d'association, et d'avoir forcé Michel Svierler à se soumettre à une clause insolite et très-grave, celle d'engager à l'exécution de cet acte, non-seulement tous ses biens, mais aussi « sa propre personne ». Or, cette clause étant une formule employée dans tous les actes de cette nature, il en résulte que M. Gaullieur a été bien distrait en lisant les actes si nombreux qu'il a transcrits ou analysés. M. Gaullieur prétend encore que, dans cet acte, Nolot de Guiton « insiste, à deux reprises, pour s'assurer aussi un recours contre les détenteurs des bréviaires ». J'ai vainement relu soit le texte publié, soit la minute originale, et je n'ai pu y découvrir ni la première ni la seconde de ces deux clauses! Heureusement pour M. Gaullieur le rapace procureur-syndic du xve siècle ne viendra pas lui intenter un procès en dommages et intérêts, et notre archiviste a pu, sans danger, se montrer impitoyable pour la mémoire d'un magistrat municipal coupable d'un crime grave, celui d'avoir *forcé un novateur hardi ou un*

supposeront que, du mois de juin 1486 au même mois de l'année suivante, Svierler n'avait commencé l'impression d'aucun livre, conviendront avec moi qu'il est peu probable qu'il n'eût au moins enseigné à personne l'art de la typographie (1).

M. Gaullieur est si persuadé de la vérité de ses conjectures qu'il les suit à outrance. Selon lui, les jurats avaient dû mettre, à la disposition de Svierler, un des immeubles appartenant à la ville, tant pour s'y loger lui-même que pour y installer son imprimerie, et comme il trouve que, *neuf jours après* le contrat passé entre Svierler et les jurats, ceux-ci avaient acheté diverses maisons, il en conclut que c'était pour y loger Svierler. Voyant aussi qu'*un mois et demi* après cette première acquisition, les jurats avaient acquis deux autres maisons, il en conclut encore que c'est parce qu'ils avaient reconnu l'*insuffisance* de leur première libéralité.

L'imagination de M. Gaullieur est, comme on le voit, très-féconde; ailleurs, trouvant qu'un témoin des actes qu'il a transcrits porte un nom à peu près semblable à celui d'un imprimeur d'Orléans, il a été tenté

---

inventeur de génie à venir exprès d'Ulm à Bordeaux pour recevoir quelques misérables pièces d'or en échange des caisses plus ou moins pleines de bréviaires d'Auch, imprimés à Poitiers.

(1) M. Gaullieur oublie toujours que Svierler n'était pas imprimeur et n'avait pas de caractères d'étain; il oublie encore que si l'acte par lequel Svierler s'était reconnu débiteur de 80 fr. bordelais envers Nolot de Guiton avait été annulé le 7 juin 1487, c'était évidemment parce que Svierler était parvenu à faire adopter à son associé une autre entreprise, et non parce que le procureur-syndic avait été prématurément remboursé.

d'en conclure que cet imprimeur est un des apprentis formés dans l'imprimerie de Michel Svierler. Il est inutile d'insister là-dessus, comme l'a dit M. Gaullieur lui-même, il serait ridicule d'attacher à de simples rapprochements plus d'importance qu'ils n'en peuvent avoir.

Abandonnons donc ces considérations secondaires, et constatons que, quelques différentes que soient mes appréciations de celles de M. Ernest Gaullieur, mon interprétation laisse subsister tout entier l'intérêt des documents découverts par l'heureux archiviste de la Mairie dans les archives du Département.

§ XXXIV. — Que se passa-t-il à Bordeaux de 1486 à 1519, époque où l'on trouve la première trace d'une imprimerie bordelaise? Évidemment la même chose qui s'était passé dans les autres villes. Quelque admirable que soit l'invention de l'imprimerie, et quelque lucratif que pût être son exercice dans les premiers temps, tous les maîtres imprimeurs ne surent pas tirer un bon parti de l'exercice de leur art. Les actes découverts par M. Gaullieur nous en fournissent deux preuves: Jean Waltear devait quitter son pays et abandonner la moitié de ses caractères moyennant une très-minime rétribution; les deux imprimeurs de Poitiers avaient imprimé 700 exemplaires d'un bréviaire pour un prix très-modique, puisqu'un libraire étranger, et très-peu fortuné, devait en retirer des bénéfices énormes tout en abandonnant à un associé la moitié de son profit.

D'ailleurs, comme je l'ai déjà dit, la détermination de l'époque précise où des ouvriers ou des maîtres imprimeurs vinrent s'établir à Bordeaux, peut être un point intéressant à déterminer pour quelques curieux ou quelques bibliophiles enthousiastes; mais l'honneur de nos populations ou de notre ville ne peut être accru ou diminué en quoi que ce soit, parce qu'un colporteur de caractères d'étain se sera arrêté, un an plus tôt ou plus tard, chez nos voisins ou chez nous. L'invention de l'imprimerie produisit, au xve siècle, les mêmes résultats que nous voyons se produire pour les grandes découvertes modernes. La photographie est certainement une heureuse et grande découverte; mais l'histoire enregistrera-t-elle l'époque précise où le possesseur d'un *objectif* s'est transporté la première fois dans une ville quelconque? Et cependant la photographie ressemble beaucoup, et de nom et de fait, à la typographie.

TABLE ANALYTIQUE

                                                                                             Pages.

1º Diverses opinions adoptées sur l'époque de l'introduction de l'imprimerie à Bordeaux.................... 5
2º Probabilités faisant supposer que l'imprimerie a été introduite à Bordeaux plus anciennement qu'on ne l'a cru jusqu'ici.................... 7
3º Indices confirmant cette conjecture.................... 9
4º Le but de cette notice est de signaler tous les livres connus qui ont été imprimés en Guyenne avant l'arrivée de Simon Millanges.................... 11
5º Jean Maurus et les livres qu'il a imprimés à La Réole...... 13
6º Gaspard Philippe regardé comme le premier imprimeur établi à Bordeaux.................... 18
7º Livres imprimés à Paris par Gaspard Philippe.................... 20
8º Livres imprimés à Bordeaux par Gaspard Philippe.......... 21
9º Jean Guyart; son arrivée à Bordeaux; son mariage; premier ouvrage qu'il a imprimé.................... 25
10º Erreur commise par le Catalogue de la Bibliothèque de Bordeaux.................... 28
11º Description des ouvrages de Gabriel de Tarregua, imprimés par Jean Guyart.................... 29
12º Ouvrages divers imprimés par Jean Guyart.................... 35
13º Traité passé par Jean Guyart avec un menuisier pour la construction d'une presse, en 1526.................... 37
14º Impression par Jean Guyart des nouvelles coutumes générales de Bordeaux, et nomenclature des autres ouvrages imprimés sur vélin que possède la Bibliothèque de Bordeaux.................... 38
15º *Les Gestes des Solliciteurs,* imprimés par Jean Guyart.... 44
16º *Statuts du diocèse de Bordeaux,* et autres ouvrages imprimés par Jean Guyart.................... 46
17º Exemplaire unique d'un travail de Gabriel de Tarregua sur l'hygiène de la nourriture.................... 48
18º Nouvelle édition du Répertoire de Médecine de Gabriel de Tarregua.................... 50

	Pages.
19º Détails biographiques sur Gabriel de Tarregua et sa famille	51
20º Second mariage de Gabriel de Tarregua	54
21º Opérations commerciales de Gabriel de Tarregua	54
22º Mort de Gabriel de Tarregua	59
23º Derniers ouvrages imprimés par Jean Guyart	60
24º Détails biographiques sur Jean Guyart	61
25º Claude Garnier, imprimeur à Bazas en 1530	65
26º François Morpain et sa veuve, imprimeurs à Bordeaux	68
27º Étienne de Toulouse, libraire à Bordeaux	77
28º Pierre de Ladime et autres imprimeurs bordelais très-peu connus	80
29º Table chronologique des ouvrages décrits; lettres patentes de Henri II en faveur des imprimeurs	84

APPENDICE

30º Annonces de la découverte de documents nouveaux faite par M. Ernest Gaullieur	90
31º Publication par M. Ernest Gaullieur de l'*Imprimerie à Bordeaux en* 1486	92
32º Conséquences qui résultent des documents publiés par M. Ernest Gaullieur	102
33º Interprétation par M. Ernest Gaullieur des documents qu'il a découverts	107
34º Conclusion	111

ERRATA

Pages.   Lignes

6.	26.	*Au lieu de :* Ainsi,	*Lisez* : Aussi.
9.	3.	Mais aux,	Mais encore aux.
14.	19.	Millisimo,	Millesimo.
14.	23.	Propositions,	Prépositions.
16.	5.	Signée le O,	Signée O.

18. *Ajoutez à la fin :* Voyez ce que dit J. C. Brunet : *Manuel du Libraire,* col. 1710, au mot : *Grapaldi,* sur une traduction en français et en gascon, publiée l'an 1500 par Jean Le More, et signalée par Duverdier et par Pierquin de Gembloux.

37.	17.	Testament. *Ajoutez à la suite* (elle vécut encore dix ans).	
52.	3.	*Au lieu de :* 1523,	*Lisez :* 1521.
60.	3.	§ XX,	§ XIX.
67.	15.	De bibliothèque,	De la bibliothèque.
80.	1.	*Ajoutez :* § XXVIII.	

www.ingramcontent.com/pod-product-compliance
Lightning Source LLC
Chambersburg PA
CBHW060208100426
42744CB00007B/1220